지능 101

지능 101

Jonathan A. Plucker, Amber Esping 지음
김 정 희 옮김

Σ 시그마프레스

지능 101

발행일 | 2016년 1월 5일 1쇄 발행

저자 | Jonathan A. Plucker · Amber Esping
역자 | 김정희
발행인 | 강학경
발행처 | (주)시그마프레스
디자인 | 강영주
교정 · 교열 | 김은실

등록번호 | 제10-2642호
주소 | 서울특별시 영등포구 양평로 22길 21 선유도코오롱디지털타워 A401~403호
전자우편 | sigma@spress.co.kr
홈페이지 | http://www.sigmapress.co.kr
전화 | (02)323-4845, (02)2062-5184~8
팩스 | (02)323-4197

ISBN | 978-89-6866-641-4

이 도서의 국립중앙도서관 출판시도서목록(CIP)은 서지정보유통지원시스템 홈페이지(http://seoji.nl.go.kr)와 국가자료공동목록시스템(http://www.nl.go.kr/kolisnet)에서 이용하실 수 있습니다.(CIP제어번호 : 2015034893)

지능 101은 스프링거에서 출판하는 심리학 101 시리즈 중 한 권인 *Intel-ligence 101*을 번역한 것이다. 그동안 지능과 관련성이 높은 창의성, 영재성, IQ 검사, 정서지능 등을 번역한 역자로서 *Intelligence 101*이 출판되기를 기다려 왔다. 지능에 대한 기존의 이론과 연구를 어떻게 평가하고 있을까? 어떤 새로운 접근이나 이론이 소개될까? 어떤 연구 방향이 제시될까? 지능이 어떤 모습으로 등장할지 혼자 그려보면서 설레고 행복한 기다림의 시간을 보냈다.

막상 원서를 손에 쥐어보니, 우선 책 두께가 얇은 것에 놀랐다. 지능에 대한 복잡하고 논쟁적인 방대한 연구와 이론을 소개하는 것만으로도 많은 지면이 할애될 것이라 생각했기 때문이다. 하지만 책의 지면 수가 적음에도 불구하고 핵심 내용을 담고 있다. 그 내용을 살펴보면 지능이 관심 받는 이유, 지능의 정의, 지능 연구의 배경과 실제 적용, 지능과 관련한 최근 이슈들(유전 대 양육, 단일 지능 대 다중 지능, 지능/창의성/영재성의 관계), 인종 간 지능의 차이, 앞으로의 연구 방향 등이 포함되어 있다. 이 책을 통해 지능 이론과 연구가 어디에서 와서 현재 어느 지점에 와 있고 앞으로 어떤 방향으로 나아갈 것인가에 대해 정리할 수 있었다. 특별히 관심을 끈 것은 인종 간의 지능점수의 차이에 대한 논의였다. 저자들은 성별이나 인종 혹은 다른 인구학적 특성에 따른 지능 점수의 차이를 논의하면서 특히 지능검사에서의 흑인과 백인 간의 점수 차이에 대해 주저하면서 매우 조심스럽게 논의하고 있다. 하지만 그들은 지능검사의 점수에서는 인종 간에 차이가 있는 것으로 나타나지만 인종 간에 지능의 차이가 있다는 것을 보여주는 그 어떤 타당한 연구도 없다고 단호하게 말하고 있다. 또한 지능 연구가 앞으로 나아갈 방향을 제시하는 과정에서는 지능을 어떻게 정의하느냐 하는 문제가 중요하고 지능을 말할 때는 상황을 고려하지 않고 이야기할 수 없다고 강조함으로써 지능학자로서의 자신들의 관점을 제시하고 있다. 이 책 한 권으로 지능에 대해 모든 것을 이해할 수는 없겠지만 지능에 관심이 있는 사람들에게 더 큰 관심과 호기심을 갖도록 좋은 자극제가 될 것이다. 또한 책을 그 두께로 판단할 것이 아니라 간단한 것이 아름답다는 것을 느낄 수 있을 것이다.

2016년 1월
홍익대학교 홍문관 연구실에서
김 정 희

창의성과 지능 두 가지 모두를 연구하는 우리 연구에 대하여 주위에 있
는 동료들의 반응은 매우 다르다. 한편에서는 "창의성이 훨씬 재미있는
데 왜 지능을 가지고 고생을 해?"와 같은 말을 한다. 다른 한편에서는
"지능에 더 집중하는 것이 어때, 창의성보다 지능이 더 과학적이지 않
아?"라는 반응을 한다.

　이 반응들은 인간 지능 연구의 축복이면서 저주이기도한 역설적인 두
가지 측면을 반영한다. 사람들은 최소한 다른 심리학적 구성개념과 비교
할 때 지능을 그렇게 흥미 있는 주제는 아닐지라도 중요한 과학적 연구
분야로 인정은 한다. 이렇게 말하고 보니 '지루한 과학'이라는 말같이 들
린다!

　실은 우리가 대학원에서 지능을 처음 접했을 때, 우리의 원래 반응은
"와, 정말 재미있겠다!"가 아니었다. 하지만 지능에 대한 몇 가지 개론서
를 접하고서(이 책 뒷부분에 소개되어 있다), 곧 지능이 지루한 주제가
아니라는 것을 깨닫게 되었다. 오히려 충격적일 정도로 논쟁적인 주제

였다. 흥미 있는 이론과 연구에 대해서 배우고 그다음에는 스캔들, 섹스, 축구, 사회적 진화론에 대하여, 그다음에는 상상 할 수 없을 정도의 사기와 부정에 대한 더 많은 비난에 대해 배우면서, 우리는 "한 번 해 보자!" 라고 결심했다.

지능의 역사에서 유명한 한 인물은 서던캘리포이나대학교의 첫 번째 축구 코치였다. 가장 유명한 심리학자 중 한 명은 지능에 대한 자료에서 많은 부분을 조작했으며 정확하지는 않지만 그의 연구의 대부분이 조작일 수도 있다. 20세기 전반에 나치는 지능에 대한 인기 있는 미국 책을 독일어로 번역하고 그것을 그들의 목적을 정당화시키기 위해 사용했다. 지금 많은 연구자들이 20세기 후반에 출판된 지능에 대한 가장 인기 있는 책들 중 한 권의 내용에 실수와 오류가 많다고 생각하고 있지만 그 책은 여전히 인기가 있고 대학에서 교재로 사용되고 있다. 여러 측면에서 지능 연구는 심리학과 사회과학의 역사와 아주 닮아 있으며, 더 넓은 사회 속에서 주요 발전과 논쟁으로 뒤얽혀 있다. 예를 들어, 지능검사는 1차 세계대전 중에 중요한 역할을 했고, 이민 정책에 대한 논쟁은 종종 지능에 초점이 맞추어졌으며, 1990년대 초반에 발표된 **종곡선**(The Bell Curve)은 사회적으로 극심한 갈등과 논쟁을 불러일으켰다.

21세기에 들어서면서 유전 연구와 뇌 영상 기술의 발전은 의심할 여지없이 새로운 질문을 제기하고 신선한 논쟁거리를 제공할 것이다. 인간의 지능은 심리학자, 교육자, 학생, 일반 대중을 지속적으로 매료시키고 혼란시킬 것이다. 우리는 이런 대화 속에 당신이 참여할 수 있도록 하는데 이 책이 도움이 될 수 있기를 바란다.

 감사의 글

지능에 대한 우리의 관점은 지난 수십 년에 걸친 많은 학자들의 영향을 받았다. 특히 이 책의 제1저자는 Raymond Fancher의 영향을 받아 지능 이론과 연구에 입문하게 되었으며, Fancher의 인간 지능 연구의 역사에 대한 매력적인 접근은 우리가 이 책을 집필하는 방식에 중요한 영향을 미쳤다. 그리고 우리는 Camilla Benbow, Carolyn Callahan, Hudson Cattell(James McKeen Cattell의 손자), Jack Cummings, J. P. Das, Douglas Detterman, Carol Dweck, Donna Ford, Howard Gardner, Aland Nadeen Kaufman, David Lubinski, Charles Murray, Jack Naglieri, Joe Renzulli, Dean Keith Simonton, Bob Sternberg에게 감사드린다. 그들의 건설적인 비판과 논쟁과 지원에 힘입어 이 책을 완성할 수 있었다.

그 밖에 우리는 인간 지능에 대한 몇몇 대가들이 돌아가시기 전에 서신 교환을 할 수 있는 기회를 가질 수 있었다. Raymond Cattell, John Carroll, John Horn은 그들 생의 거의 마지막까지 그들의 귀중하고 독특한 관점을 제공해 주었다. Carroll 교수는 많은 서신을 주셨고 Horn 교수는 긴 비디오를 주셨으며, 그들은 지능에 대한 그들의 관점을 논의하고 그들의 연구에 관한 우리의 질문에 열정적으로 답해 주셨다.

몇몇 대학에서 학생들에게 인간 지능을 가르치는 과정에서 이 책 속의 많은 자료들이 개발되었다. 이 책에서 우리가 선택한 내용과 그 내용이 제시되는 방법 속에 학생들의 도움이 반영되어 있다. 우리는 학생들의 도움에 대해 고마움을 전한다.

마지막으로 Springer 출판사의 편집자 Nancy S. Hale 그리고 101 시리즈 편집자인 James Kaufman에게 감사한다. 그들은 이 책의 시작부터 끝까지 초인적인 인내심을 가지고 우리에게 도움을 주었다. 이 책이 완성되기까지 도움을 주신 위에서 언급한 모든 사람들의 노력에 누가 되지 않았기를 바란다.

차례

왜 지능은 논쟁의 중심에 있는가?

지능에 대한 정의 내리기

지능 연구의 기원 : Galton

Goddard가 우리에게 전하고 싶었던
지능 발달에 대한 진정한 의미는 무엇인가?

지능은 하나인가 혹은 여러 개인가?

지능 101

1

왜 지능은 논쟁의
중심에 있는가?

심리학에서 인간 지능만큼 많이 연구되고 논쟁이 되는 개념은 아마 없을 것이다. 지능 이론은 심리학이 과학으로 공식적으로 탄생하기 훨씬 이전부터 논의되었다. 아리스토텔레스, 소크라테스, 플라톤의 아이디어는 철학적이기도 하지만 또한 인간 지능의 성격을 이해하기 위한 기초가 된다. 능력의 원천, 마음과 신체의 관계, 일반적인 탐구 방법과 같은 다양한 주제들에 대한 그들의 아이디어는 수 세기 후의 철학자들에게 영감을 주고 있을 뿐만 아니라 현대 심리학과 지능 이론을 형성한 사람들에게까지 지속적으로 영향을 미치고 있다. 철학자, 심리학자, 교육자들은 지난 2세기 대부분을 고대 철학자들의 아이디어를 기반으로 하는 지능에 대한 다양한 이론과 개념을 탄생시키는 데 보냈다.

　　지능은 모든 사회과학에서 가장 논란이 많은 구성개념 중 하나다. "지능이란 무엇인가?"와 같은 근본적인 질문에 대한 대답은 인간을 어떻게 생각하는가에 대한 많은 함축적 의미를 가지고 있다. 지능은 하나의 '개체'인가 혹은 여러 개체가 모인 집합체인가? 측정된 지능에서의 인종과 사회경제적 차이는 선천적 혹은 양육적 효과를 증명해 주는가? 지능은 불변하는 것인가 혹은 변할 수 있는 것인가? 이런 질문에 대해 어떻게 대답하는가를 보면 그 사람이 다른 사람들을 어떻게 생각하는가, 학습과 문제해결을 어떻게 접근하는가, 자신에 대하여 어떻게 생각하는가 하는 것에 대한 많은 것을 알 수 있다. 이 책의 목적은 이런 질문에 대한 여러 가지 가능한 대답들을 신중하게 제시하면서 인간 지능에 대한 다양한 접근을 이해할 수 있도록 소개하는 것이다.

이 책의 구성

다음 2장부터 중요한 여러 가지 주제들이 논의될 것이다. 이 책의 내용을 구성하는 과정에서 어려웠던 점은 다루어야 할 내용이 너무 많다는 것이었다. 제대로 논의하려면 수천 페이지가 될 것인데 그렇게 하는 것은 개론서의 성격상 적절하지도 않고 독자들에게 지루함을 줄 뿐이라고 생각됐다. 사실 우리는 그렇게 지루한 책은 쓰지 않기로 약속했었다! 그래서 중요한 주제와 관련된 흥미 있는 이야기를 모두 다루는 것은 포기하고 우리가 가장 흥미롭다고 생각하는 내용을 선택하기로 결정했다.[1]

우리의 지능에 대한 탐구는 1장에서 지능에 대한 전체적인 개관으로 출발한다. 2장에서는 지능에 대하여 심리학자들이 내리는 정의를 살펴보고, 3장에서는 Francis Galton이 남긴 놀라운 연구를 살펴봄으로써 지능에 대한 심리학적 연구의 기원을 탐색한다. 4장에서는 Henry Goddard의 연구와 그에 대한 복잡한 평가를 통해서 지능을 개발하기 위한 교육과 그 외 시도들의 효과를 알아본다.

5장에서는 최근 발전된 지능 연구에 대해 더 자세하게 초점을 맞춘다. 먼저 지능이 하나인가 아니면 여러 가지 지능이 있는가에 대하여 집중적으로 살펴본다. 이 장은 사람들이 지능에 대해 가지고 있는 신념이 행동에 어떻게 영향을 미치는가에 대한 최근 연구들을 포함하고 있는데 이 연구들은 교육에 유의미한 시사점을 제공하고 있다. 6장에서는 플린 효과 현상을 먼저 설명하고 그것을 중심으로 해서 지능 발달에서의 자연과 육성에 대한 이슈를 다룬다. 7장에서는 창의성이나 영재성과 같이 지능과 연관성이 있는 구성개념과 지능 간의 관계를 살펴본다.

이 책은 다음 수십 년간 지능 연구가 어디를 향해 나아갈 것인가에 대한 우리의 생각을 제시함으로써 끝을 맺는다. 그리고 추천 자료가 첨부되어 있다. 이 책에서는 지능검사에 대하여 비중 있게 다루지 않았으며 평가와 관련된 기술적인 그리고 이론적인 이슈가 언급되어 있지 않다. 지능검사에 대해서는 훌륭한 여러 책들이 나와 있으며 대표적으로 IQ 검사 101(Kaufman, 2009)에서 깊이 있게 다루고 있다.

왜 역사적 접근인가?

이 책에서 모든 장들이 주로 역사적 접근을 다루고 있는 것을 알 수 있을 것이다. 이것은 우리가 처음 지능을 접근할 때부터 가지고 있는 관점이다. 지난 20년간 다른 관점에서 지능을 접근한 훌륭한 책들도 많이 있으며, 이 책의 끝부분에 있는 추천 자료에 그런 책들이 포함되어 있다. 하지만 우리는 역사적 접근이 매우 흥미 있고 간결하며 다른 곳에서는 쉽게 찾을 수 없는 관점이라고 생각한다.

이런 이유로 1990년대에 역사적으로 주제를 구분해서 인간 지능에 대한 웹사이트를 디자인했다. 그 웹사이트는 '인간지능 : 역사적 영향, 최근 논쟁, 그리고 교수 자료(www.intelltheory.com)'이다. 이 사이트는 지능을 연구한 여러 사람들의 관계와 영향을 표시하는 복잡한 다이어그램의 틀로 구성되어 있다. 우리는 이 책에서는 웹사이트에 있는 그 다이어그램을 사용하지 않기로 했다. 그 이유는 너무 상세한 정보를 제공하는 것이 이 책의 목적에 부합하지 않는다는 부분적인 이유도 있지만 더 큰 이유는 지면보다는 인터넷 환경에서 그 그래프의 효과가 더 잘 구현되기 때문이다.

그 사이트에 자료들을 올리기 시작하면서 그것들을 여섯 시기로 나누어 도표로 정리할 수 있었다. 그 여섯 시기는 각각 엄격하게 구분될 수 있는 것이 아니라 그동안 지능에 대해 연구되어 온 결과들을 잘 이해할 수 있도록 하기 위한 길잡이가 되도록 한 것이다. 예를 들어 어떤 학자들은 둘 이상의 시기에 걸쳐서 포함될 수 있으며, 대표적으로 John Carroll은 '현대적 탐구 시기'에 주로 연구를 했지만, 사람들은 '최근 경향 시기'라고 할 수 있는 1933년에 발표된 그의 연구를 가장 많이 기억한다. 우리가 분류한 여섯 가지 '지능의 시대'는 다음과 같다.

역사적 기반

인간 지능의 성격은 수 세기 동안 학자들을 매료시켰다. 사실 지능 이론의 기원은 최소한 서력기원 전 수 세기의 플라톤과 아리스토텔레스까지 거슬러 갈 수 있다. 예를 들어 아리스토텔레스가 지적 수월성과 도덕적 수월성을 구분하고 정신 작용을 이해, 활동, 생산의 세 가지로 분류한 것은 오늘날의 지능이 하나인가 혹은 여러 개인가에 대한 논쟁의 전조라고 할 수 있다(Tigner & Tigner, 2000). 그리고 아리스토텔레스의 스승인

플라톤이 소크라테스에게 "수월성은 가르칠 수 있는 것입니까? 혹은 가르칠 수 있는 것이 아니라 연습을 통해서 획득할 수 있는 것입니까? 아니면 가르칠 수도 없고 연습을 통해 획득할 수도 없으며, 사람이 선천적으로 혹은 어떤 특별한 방법으로 소유하고 있는 것입니까?"(Plato, 번역. 1985, p. 35)라고 질문한 것은 자연 대 양육에 대한 논쟁이라고 볼 수 있다. 이것은 전적으로 그런 것은 아니지만 주로 철학적 접근으로 약 지난 2000년에 걸쳐서 흄, 칸트, 아담 스미스, 그 외 많은 철학자들이 지속적으로 연구한 인간의 지적 능력에 대한 접근방식이다.

근대적 기반

1800년대 심리학은 철학, 수학, 생물학에서 독립된 한 학문으로 나타나기 시작했으며 지능 연구가 큰 발전을 이루었다. 위에서 언급한 든든한 역사적 기반 위에, 철학자와 심리학자들은 지능에 대한 우리의 이해에 큰 공헌을 했다. 이 시기에 나타난 두 명의 주요 인물은 심리학자인 Francis Galton과 철학자인 John Stuart Mill이다. 그들은 지능 발달에 대한 매우 다른 관점을 가지고 있으며, Galton은 그의 사촌인 Charles Darwin의 영향을 많이 받았다.

위대한 학파

1800년대 후반에는 심리학이 독립적인 과학 분야로 성장하고 유럽에서 그리고 그다음에는 미국에서 주요 심리학 학파들이 형성되어 심리 과학이 급격하게 발전했다. 그 흐름을 따라서 지능 연구도 심리학의 중요한 핵심 분야로 자리를 잡았다. 특히 Wilhelm Wundt, James McKeen Cattell, G. S. Hall, Herman Ebbinghaus의 영향력이 컸다. 이 시기의 가장 주목할 만한 발전은 독일, 영국, 그리고 그 후에는 미국에서 Galton과 특히 James McKeen Cattell과 같은 초기 연구자들의 업적을 더 발전시키는 것이었다.

위대한 학파의 영향력

위대한 학파의 제자들이 지능 연구를 시작함에 따라 (여러 선진국에서 그들 자신의 프로그램을 개발하고) 지능의 이론적 그리고 경험적 탐구가 꽃을 피웠다. 이런 상황 속에서 Alfred Binet, Lewis Terman, Charles Spearman, Henry Goddard, Robert Mearns Yerkes, 그리고 1차 세계대전 기간 활발한 활동을 한 미 육군 검사 팀 등에 의한 지능에 대한 많은 종자 연구들이 수행되었다.

현대적 탐구

위대한 학파와 미 육군 검사 프로그램은 그 후로도 여전히 영향을 미치고 있었다. 1차 세계대전이 끝난 후부터 1960년대 후반까지는 지능검사 개발로 가장 유명한 시기이며 통계학과 검사도구가 발달하면서 대부분의 서양 국가에서 지능과 성취에 대한 표준화 검사를 만드는 것이 일반화되었다. 그 밖에 L. L. Thurstone, David Wechsler, J. P. Guilford, John Horn, Raymond Cattell 등에 의한 몇 가지 중요한 이론적 그리고 경험적 발전이 있었다. 이 연구 프로그램들의 결정적 특징은 지능 연구를 위해 심리측정학과 통계방법에 크게 의존한다는 점이다. 이 입장은 다음

시기에 나타나는 다양한 이론적 그리고 방법론적 접근과 대조를 이룬다. 비록 일반지능(g)을 중심으로 하는 이론이 이 시기에 지배적이었지만, Thurstone의 연구와 Guilford의 연구에서는 다중지능 이론이 보이기 시작한다.

최근 경향

지난 삼사십 년간 지능 이론의 발달에 몇 가지 중요한 변화가 있었다. 지능 이론과 연구의 최근 동향은 더 복잡한 다중 지능 이론들이 나오고 있고 지능 측정을 위한 표준화 검사의 사용을 더 이상 중요하게 생각하지 않는다는 점이다. 신뢰할 수 있는 유전적 그리고 신경학적 연구 방법의 출현으로 지능에 대한 환경적, 생물학적, 심리학적 측면을 동시에 연구할 수 있는 새로운 영역이 나타나고 있다. 1980년대 대부분은 다중 지능으로 Gardner의 연구와 Sternberg의 연구가 분석되는 시기였고, 지난 20년간은 PASS 이론과 정서 지능과 같은 다양한 이론적 접근들이 제안되고 연구되고 수정되었다. 1990년대 중반의 격렬한 논쟁을 통해 지능의 심리측정적인 단일 접근이 끝났다는 보고는 크게 과장된 것이라는 점이 확인되었다.

이렇게 여섯 시기로 나눈 목적은 앞에서 언급했듯이 지능 연구에서의 지배적인 주제들에 대한 이해를 돕기 위해서이며, 이제는 일곱 번째 시기가 도래하고 있다는 것을 여러분들이 알아야 할 것이다. 일곱 번째 시기에 대해서는 이 책의 마지막 장에서 논의할 것이다. 최근의 태크놀러지 발달은 뇌 기능과 특수한 유형의 인지 기능 간의 관계를 탐구하는 것을 가능하게 하였다. 우리는 '최근 경향'의 시기가 '긴장과 재개념화'의 시기로 이름이 바뀌고, 신경학이 강조되는 새로운 일곱 번째 시기가 '최근 경향'으로 이름 붙여질 것이라고 기대한다. 지능 연구의 미래는 흥미진진하며 앞으로 어떤 일이 일어날 것인지 우리는 큰 기대를 하고 있다.

정리

- 심리학에서 아마도 인간 지능만큼 종합적으로 한편 논쟁적으로 탐구되어 온 아이디어나 개념은 없을 것이다.
- 지능 연구의 발달은 과학의 한 분야로서의 심리학 발달과 나란히 한다.
- 이 주제에 대한 역사적 접근은 시간적 맥락을 무시하면 관련성이 없어 보이고 이해하기 어려운 지능 연구의 발달 과정을 이해하는 데 많은 도움이 된다.

미주

1 예를 들어, 우리는 Guilford의 지능구조(Structure of Intellect, SOI) 모델은 매우 차별적인 접근을 하고 있는 지능 이론이라고 생각한다. Guilford는 삶이 끝나는 직전까지 오랫동안 연구하고 그의 모델을 수정했으며, 따라서 SOI 모델은 이론이 개발되고, 검증되고, 수정되는 전 과정을 보여주는 훌륭한 사례연구가 되기도 한다. 하지만 우리는 SOI가 최근 지능 이론에서 주요 역할을 하지 않는다고 생각하며 지

난 100년간 더 중요한 다른 이론들이 나왔다고 판단한다. 만일 우리가 지능 101이 아니라 그보다 더 높은 수준의 지능 201을 쓴다면 분명히 Guilford가 포함될 것이다. 하지만 현재로서는 그의 연구(그리고 Godfrey Thomson과 같은 다른 훌륭한 학자들의 연구)는 제외시키고 가장 강력한 연구와 이론에 집중하기로 했다. 또한 원래는 한 장을 할애해서 지능에 대한 중요한 종단연구들을 다루려고 했지만 너무 곁가지를 치는 것으로 생각되어 마찬가지로 제외시켰다. 그래서 우리는 이런 연구들을 이 책의 여러 곳에서 간략하게 언급하고 관심 있는 독자들을 위해서 이런 연구들을 다루고 있는 이미 출판된 훌륭한 책들을 소개하기로 했다(예 : Deary, Whalley, & Starr, 2009, Lubinski & Benbow, 2006, Schaie, 2005, Shurkin, 1992).

지능 101

2

지능에 대한 정의 내리기

구성개념이란 무엇인가?

지능은 존재하지 않는다 ─ 이 지구상에는 물론 그 어느 곳에도.

이것은 잘난 척하기 위해서 하는 이상한 말이 아니다. 이것은 애매하고 잡힐 듯 잡히지 않는 이 주제를 연구하는 심리학자들이 경험하는 도전감을 인간 지능을 탐구하기 전에 당신도 반드시 이해해야 하는 근본적인 진실이다.

이런 시나리오를 생각해 보자. 당신은 지적 생명체를 찾기 위해 지구에 도착한 다른 행성에서 온 외계인 집단의 일원이다. 지능은 물리학자가 관찰하고 측정하는 방식으로 볼 수 있거나 측정할 수 있는 물체가 아니기 때문에 당신은 지능 자체를 찾지 않는다. 지능은 간접적인 수단을 사용하여 존재, 관계, 크기를 추정해야 하는 가설적인 성질이다. 예를 들어, 지능은 뇌에서 만들어진다고 생각되지만 그것이 물질(지능 전용의 기관으로)로 만들어져 있는 것도 아니고, 정교한 기구로 직접 측정할 수 있는 뇌로부터 나오는 별개의 구현된 힘도 아니다. 당신이 자를 갖다 대고 "여기에 지능이 이만큼 있습니다."라고 말할 수 있는 물리적인 것은 분명히 없다(예 : Thorndike, 1997). Gertrude Stein의 표현을 빌리자면, "거기에는 그 어떤 그것도 없다."

이 조건은 지능에만 해당하는 것이 아니다. 우리가 매일 대처하는 많은 심리학적 구성개념들이 그렇다. 행복이 좋은 예가 될 수 있다. 얼마만큼의 행복을 살 수도 없고(많은 사람들이 노력을 해보았겠지만!), 행복을 상자에 담아서 진열해 놓은 가게도 없고, 친구의 생일날에 행복을 담은 상자를 선물해 줄 수도 없다.

하지만 우리 모두는 분명히 행복이 무엇인지 알고 있다! 과학적 관점에서 우리가 행복이라고 부를 수 있는 관찰 가능한 행동, 정서, 태도의 집합이 있다. 그러나 그것이 바로 문제의 근원이다. 이 구성개념들은 정의될 필요가 있으며, 한 사람이 내린 정의가 다른 사람이 내린 정의와 매우 다를 수 있다. 이 '구성개념에 대한 정의' 문제는 우리가 이 책의 뒷장에서 논의할 창의성과 영재성을 포함하여 많은 심리학 영역에서 관찰될 수 있다.

지능은 직접적으로 볼 수 있거나 느낄 수 있는 대상이 아니기 때문에 당신과 당신의 외계인 친구들은 자신들이 지능이라고 생각하는 관찰 가능한 행동을 기준으로 지구의 지능에 대한 **부호**나 **증거**를 찾는 것에 만족해야 할 것이다. 예를 들어, 당신은 테크놀러지, 복잡한 사회 구조, 예술적 성취와 철학적 성취, 혹은 환경을 숙달하는 능력 등에 대한 증거를 찾으려고 할 것이다. 당신이 찾은 증거를 기준으로 해서 당신은 지구에 지능이 존재하는가 혹은 존재하지 않는가에 대한 결론을 내리고, 그 지능의 성격과 크기에 대한 잠정적인 판단을 내릴 것이다. 그런데 이 판단은 당신과 다른 증거를 찾고 있던 지구를 방문한 다른 외계인 집단이 내린 결론과 다를 수도 있다. 예를 들어, 그들은 환경을 숙달하는 것보다 환경과 조화롭게 사는 능력이 지능의 증거라고 생각할 수 있다.

　당신과 다른 외계인 방문 집단은 각각 다른 입장을 정당화시키기 위한 합리적이고 설득력 있는 주장을 할 수 있을 것이다. 이것이 왜 지능 이론 분야가 항상 갈등과 분란을 일으키는가 하는 한 가지 이유다. 사회과학과 행동과학에서 많은 관심 있는 중요한 현상과 같이, 인간 지능은 하나의 심리적 구성개념이다(더 정확하게 말하면 역사적으로 여러 시점에서 많은 영향력 있는 연구자들에 의해 개발된 대립적이면서 보완적인 심리학적 구성개념). 구성개념이란 수량화할 수 있으면서 구별이 되는 성질이나 속성의 집단으로 측정이 가능한 여러 측면을 가지고 있는 가설적인 추상 개념이다(Thorndike, 1997). 외계 방문객 비유에는 지능에 대한 두 가지 구성개념이 있다. 하나는 당신이 속한 집단이 찾기로 결정한 지능의 구체적인 부호와 증거들이고 다른 하나는 외계 집단이 찾고 있는 조금 다른 부호와 증거들이다.

　하지만 외계 방문객 비유에서는 그 이슈를 너무 간소화시켰다. 실세계에서는 지능에 대한 구성개념을 만들어 내기 위해서는 측정 이론(Stevens, 1946)과 심리측정학(글자 그대로 '마음을 측정하는')에 근거하는 고도의 기술적인 노력이 필요하다. 하지만 여기에서 쉽게 이야기하자면 심리학적 구성개념을 다룰 때에는 정의가 결정적으로 중요하며, 지능도 그 예외가 아니라는 것이다. 만일 두 연구자가 지능을 전혀 다르게 정의한다면, 그들 연구는 갈등적인 결과를 내놓을 것이다. 연구들이 서로 갈등적일 때 종종 머리를 뜯고 이를 갈 정도가 되지만, 갈등적인 결과를 비교하기 전에 논리적인 첫 번째 단계를 뛰어넘는 것을 발견하고 우리는 항상 놀라지 않을 수 없다. 각 연구 팀이 실제로 연구한 것이 무엇인지 알기 위해서는 그것에 대해 어떻게 정의를 내렸는지 검토해야만 한다.

지능에 대한 개인적인 정의

지능에 대한 개인적인 정의는 지능의 구성개념과는 다르다. 심리학적 구성개념은 고도로 기술적이고, 열심히 공을 들이고, 그리고 엄격한 이론적 검토와 실험적 검사를 받는다(Kaufman, 2009, Thorndike, 1997 참조). 지능에 대한 개인적인 정의는 훨씬 느슨하며 다양한 이론가들이 지능의 구성개념을 편하게 약식으로 정의한 것이다. 이런 정의는 그 이론가가 지능에 대해 어떤 생각을 하고 있는지 쉽게 접근할 수 있게 해 주는 간결한 서술이기 때문에 매우 유용하다. 그 외에도 이 진술문에는 지능의 원천에 대한 그 이론가의 믿음에 대한 단서가 포함되어 있다. 이것은 구성개념에는 포함되어 있지 않을 수 있는 것으로, 다음 장에서 볼 수 있겠지만 이것은 갈등의 주요 영역으로 여전히 남아 있다.

지능에 대한 개인적인 정의가 유용한 또 하나의 이유는 지능 이론이 발전해 온 과정에 대한 일반적인 생각, 그 이론가가 살고 있던 당시의 시대정신에서 나오는 가치관과 가정을 볼 수 있는 창, 그리고 특정한 이론가의 업적에 영향을 미치고 또한 영향을 입은 더 광범위한 세계적 관점을 이해할 수 있는 중요한 상황적 단서를 포함하고 있기 때문이다(Kuhn, 1962/2012 참조). 또한 인간의 지적 능력을 정의하는 과정에서 한 이론가의 개인사의 흔적을 살펴보는 것도 가능하다. Francis Galton 경을 예로 들어 보면 우생학자로서 그는 인간 지능 스펙트럼의 높은 극단에 있는 사람들의 확인과 확산에 특별한 관심이 있었다.[1] 그는 그의 책에서 이런 사람들을 천재라고 했다. 그는 천재라는 말은 다음과 같은 뜻을 가지고 있다고 설명했다.

예외적으로 높고 또한 선천적인 능력을 말한다. 천재란 존슨 사전에 기술되어 있듯이 '정신적 힘 혹은 정신적 능력이다. 어떤 특별한 직업에 종사할 자격이 되는 타고난 성향'을 말한다. 천재란 뛰어난 능력을 가지고 태어난 사람이다 … [천재]는 선천적 능력과 같은 뜻으로 사용될 수 있다. (Galton, 1892, pp. vii-ix)

정확하게 말하면 Galton은 모든 사람의 지능에 관심이 있었던 것이 아니라 천재의 지능에만 관심이 있었다. 이것은 바로 Galton이 천재에 초점을 맞춘 것이 그의 사촌인 Charles Darwin의 진화론의 영향이 컸던 그의 시대정신을 반영한다는 흥미로운 점을 잘 나타낸다. 유전의 중요성이 Galton이 숨 쉬던 공기에서 흘러내리고 있을 정도다. Galton의 가장 유명한 업적인(그리고 지능에 대한 첫 번째 심리학적 연구인) 유전적 천재는 다음과 같은 비평을 받았다.

Galton은 그의 관점이 '일반적인 관점과 반대'라고 서둘러 인정한다. 다른 한편 우리는 일반 대중의 미숙하게 형성된 의견은 종종 Galton의 관점과 대립되기도 하고 지지적이기도 하는 것을 발견한다 … 이 경우에 … 대중의 편견은 과학적 탐구에 의한 절대적인 지지를 받는다 … Newton과 같은 사람의 부모는 비록 역사적으로 기억될 만한 아무런 일을 하지 않았다 하더라도, 흔하지 않은 정신적 능력을 가졌음에 틀림없다. 일반인 부모의 아들이 중력의 법칙을 발견하는 것은 짐마차 말의 쌍의 후손이 더비 경마에서 우승하는 것과 마찬가지일 것이다.(*Atlantic Montly*, 1870, p. 753)

Galton의 개인사도 또한 그가 영재에 대한 정의를 내리는 데 영향을 미쳤을 것이다. 거의 어떤 객관적인 척도를 사용하더라도 Galton은 예외적으로 성공적인 사람이었으며 후손들은 그를 천재로 평가한다(예 : Simonton, 2009). 하지만 그의 자서전적인 글에 나타난 것을 보면 많은 노력을 했음에도 불구하고 그가 기대했던 학업적 수준에 도달하지는 못했다는 것을 알 수 있다. 그의 개인사와 유전에 대한 그 당시의 사회적 태도를 고려한다면, Galton이 천재의 발달을 유전적 과정으로 이해해야 한다고 결론지은 것은 놀랍지 않다(Fancher, 1985, Simonton, 2009 참조). 다음 장에서 살펴볼 수 있겠지만 이것은 그의 경험적 연구 결과에 의한 필연적인 해석이 아니었다. 그가 후배 연구자들의 지능 연구에 중요한 많은 공헌을 한 것은 분명하지만, 유전에만 초점을 맞추다보니 그의 연구에서 유전 이외에 작용하는 중요한 메커니즘이 무시되었다는 점은 의심의 여지가 없다. 정의는 분명히 중요하다. 그리고 정의는 그 정의를 내린 사람에 대하여 우리에게 많은 것을 말해 줄 수 있다.

몇 가지 정의의 예

여기에서 Gibson의 법칙("모든 전문 분야에는 지지하는 전문가와 반대하는 전문가가 있다.")[2]을 끌어내는 것은 인간 지능에 관련한 인정받는 학파들이 있기 때문에 과장되게 보일 수 있을 것이고, 결코 일치성을 찾을 수 없는 철학적 독불장군들로 가득 찬 것으로 이 분야를 표현하는 것은 불공평할 것이다. 하지만 인간의 지적 능력을 개념화하는 여러 가지 방식이 있다는 것은 분명하다. 예를 들면, 다음에 제시하는 인간 지능에 대한 세 가지 정의는 유용하고, 영향력 있고, 경험적으로나 이론적으로 타당하다고 그 당시에 인정을 받았던 것들이다.

지능에는 한 가지 근본적인 능력이 있으며 만일 그것이 변하거나 부족하면 실생활에 아주 중요한 영향을 미친다고 우리는 생각한다. 이것은 판단력으로, 다시 말하면 좋은 감각, 실용적 감각, 주도력, 자신을 환경에 적응시키는 능력이다. 만일 어떤 사람이 판단력이 부족하다면 멍청이나 바보가 될 수 있겠지만, 판단력이 좋다면 결코 멍청이나 바보가 될 수 없다. 사실 판단력을 제외한 나머지 지적 능력은 판단력에 비하면 거의 중요하지 않은 것으로 보인다." (Binet & Simon, 1916/1973, pp. 42–43)

지능에 대한 조작적 정의는… 무한히 다양한 여러 종합 심리검사들의 g요인이다… 모든 표준화 지능검사에서 전체 변량의 가장 큰 성분이 g['일반 지능'의 가설적 구성개념에 대한 상징으로서 정도는 달라도 모든 정신활동의 기저에 있다고 생각되는 일반적인 지적 힘]라는 사실 때문에 우리는

g가 '실생활'에서 매우 중요하다고 생각하지 않을 수 없으며, 바로 그 g는 학문적 성취에서 훨씬 더 큰 변량을 구성하는 성분이다. (Jensen, 1979, pp. 249-250)

나는 [지능]을 사회문화적 상황 속에서 강점을 최대화하고 단점을 보강하거나 수정함으로써 그 무엇이든 자신의 삶에서 원하는 것을 성취하기 위한 기술이라고 정의한다." (Sternberg, 개인 교신, 2004. 7. 29)

여기에서 우리는 판단을 하기 위한 능력(Binet, 1916), 검사 점수들 간의 수학적 관계(Jensen, 1979), 특정한 상황 속에서 장점을 최대화하고 단점을 보충하거나 수정하는 능력(Sternberg, 개인 교신, 2004. 7. 29)과 같이 다양하게 지능이 정의되는 것을 볼 수 있다. 이 세 가지 예가 인간 지능에 대한 문헌에 나타나는 입장의 범위를 보여주는데, 그 범위는 또한 학자들의 지능의 관점에 대한 역사적 변천사도 보여주고 있다.

우리는 몇몇 유명한 역사적인 지능 이론가들과 현존하고 있는 지능 이론가들이 제시하는 지능의 정의에 대한 두 가지 표를 제시함으로써 이 장을 마무리한다(표 2.1과 표 2.2). 이 표들이 결코 전체적인 것은 아니지만 지능 분야의 범위를 감지할 수는 있을 것이다. 지면의 제약 때문에 여기에서 이 모든 이론가들의 연구를 논의할 수는 없다. 하지만 인간 지능이 복잡한 주제라는 것을 독자들에게 확인할 수 있게 하고 나머지 장에서 논의될 핵심 이슈들을 예시하기 위해 이 표들을 만들었다.

표 2.1 유명한 역사적 이론가들의 지능에 대한 개인적인 정의

Francis Galton(1822~1911), 영국 심리학자	"[전재성]은 예외적으로 높고 또한 선천적인 능력이다. 전재란 존슨 사전에 기록되어 있듯이 '정신적인 힘 혹은 정신적 능력이다. 어떤 특별한 직업에 종사할 수 있는 자격이 되는 타고난 성향'을 말한다. 천재란 뛰어난 능력을 가지고 태어난 사람이다. [천재]는 선천적 능력과 같은 뜻으로 사용될 수 있다." (Galton, 1892, pp. vii~ix)
Alfred Binet (1857~1911)와 Theodore Simon (1873~1961), 프랑스 심리학자	"지능에는 한 가지 근본적인 능력이 있으며 만일 그것이 변하거나 부족하면 실생활에 아주 중요한 영향을 미친다고 우리는 생각한다. 이것은 판단력으로, 다시 말해면 좋은 감각, 실용적 감각, 주도력, 자신을 환경에 적응시키는 능력이다. 만일 어떤 사람이 판단력이 부족하다면 명청이나 바보가 될 수 있겠지만[이 용어들은 현재는 더 이상 사용되지 않지만 이전에는 정신적 장애가 매우 심각한 수준을 표시하기 위해 사용되었다. 나중에 자세하게 설명할 것이다.], 판단력이 좋다면 결코 명청이나 바보가 될 수 없다. 사실 판단력을 제외한 나머지 지적 능력들은 판단력에 비하면 거의 중요하지 않은 것으로 보인다." (Binet & Simon, 1916/1973, pp. 42~43)
Charles Spearman (1863~1945), 영국 심리학자	"지능'을 추정하는 복잡한 문제에 관련한 기본 원리는 어떤 정신 활동이 가장 큰 타당성을 가질 것인가에 대한 그 어떤 선험적인 가정도 하지 않는 것이다. 참정적으로, 어쨌든 그 목표는 서로 간에 관련이 있거나 다른 기능과 관련이 있다고 타당하게 보이는 모든 다양한 능력을 경험적으로 조사하는 것이다." (Spearman, 1904, pp. 249~250)
Henry Herbert Goddard	"우리가 주장하는 바는 인간 행동의 주요 결정요인은 우리가 지능이라고 부르는 하나의 정신 과정이

(1866~1957), 미국 심리학자

다. 이 과정은 타고난 신경 메커니즘에 의해 조건화되어 있다. 그 효능성의 수준은 신경 메커니즘에 의해 획득되며, 그 결과로 나타나는 개인의 지능 점수 혹은 정신 수준은 생시 세포의 연합으로 나타나는 염색체의 종류에 의해 결정된다. 지능은 그 메커니즘이 일부가 손상되는 것과 같은 심각한 사고를 제외하고는 이후에 일어나는 그 어떤 것의 영향도 거의 받지 않는다." (Goddard, 1920, p. 1)

Robert Mearns Yerkes
(1876~1956), 미국 심리학자

"지능이란 복잡하게 연결된 기능들의 합체로서 그것에 대하여 완전하게 아는 사람은 아무도 없다." (Yerkes, 1929, p. 524)

Lewis Terman(1877~1956), 미국 심리학자

"지능은 추상적으로 사고할 수 있는 능력이다." (Terman, 1921, p. 129)

Cyril Burt(1883~1971), 영국 심리학자

"[지능]이란 무엇보다도 정서적 혹은 도덕적인 것이 아닌 지적 성질이다. 지능을 측정할 때 우리는 아동의 욕망, 흥미 등의 효과를 배제하려고 애쓴다. 둘째, 지능은 일반 능력을 말하는 것으로 이동이 말하고 행동하고 생각하는 모든 것을 포함한다. '지능'이 부족은 따라서 그 아동이 약하다는 거의 모든 것에 어느 정도는 나타난다. 어떤 제한된 혹은 특수한 능력이 아니다. 셋째, 지능의 부족은 특수한 능력 ─ 그것 자체로 결코 결함된 지능이 신호가 아니다. 넷째, 지능의 정의에 따를 선천적 능력이다. 따라서 그것이 부족은 교육받은 지식이나 기술의 부족으로 반드시 증명되지는 않는다." (Burt, 1957, pp. 64-65)

David Wechsler
(1896~1981), 미국 심리학자

"지능은 목적적으로 행동하고, 합리적으로 사고하고, 환경에 효과적으로 대처하는 개인의 총체적인 능력이다." (Wechsler, 1944, p. 3)

Hans Eysenck(1916~1997), 독일 태생 영국 심리학자	"만일 기존 문헌에서 지능 모델을 도출한다면, Spearman의 g, Thurstone의 기본 정신 능력들(정신 과정과 검사 자료에 따라서 점단을 구분한), 그리고 IQ를 속도, 지속성, 오류 체킹으로 세분화한 것들의 합으로 제시하는 것이 현 시점에서는 가장 적절할 것이다." (Eysenck, 1979, p. 193)
Arthur Jensen (1923~2012), 미국 심리학자	"지능에 대한 조작적 정의는… 무한히 다양한 여러 종합 심리검사들의 g 요인이다… 모든 표준화 지능검사에서 전체 변량의 가장 큰 성분이 g라는 사실 때문에 우리는 g가 '실생활'에서 매우 중요하다고 추론하지 않을 수 없으며, 바로 그 g는 학문적 성취에서 훨씬 더 큰 변량을 구성하는 성분이다." (Jensen, 1979, pp. 249-250)
John L. Horn(1928~2006), 미국 심리학자	"지적 능력은 일반 수준에서 유동성 지능과 결정성 지능의 두 가지 일반 지능으로 구성되어 있다. 이 능력들은 독립적으로 작용하면서 발달에 영향을 미친다. 하나는 유전이나 손상에 의해 지적 처리 과정이 구성되는 생리적인 구조에 직접적으로 영향을 미치는 것으로 유동성 지능이 가장 정확하게 반영되는 것이다. 다른 하나는 생리적 구조에 학습과 문화를 통해 간접적으로만 영향을 미치는 것으로 결정성 지능의 측정에서 가장 잘 나타난다." (Horn & Cattell, 1967, p. 109)
John B. Carroll (1916~2003), 미국 심리학자	"인지 능력의 3층 이론은 이전 이론들의 확장이다. 이 3층 이론은 인지 능력에서 어떤 종류의 개인차가 존재하는지 그리고 이런 개인차의 종류들이 어떻게 서로 관련되어 있는지 명시한다. 이 이론은 인지 능력에 있어서 꽤 많은 무려한 개인차가 있으며 그것들 간의 관계를 3층으로 나누어 설명할 수 있다고 제안한다. 즉 1층의 '좁은' 능력, 2층의 '넓은' 능력, 3층은 하나의 '일반' 능력으로 구분할 수 있다." (Carroll, 1997, p. 122)

표 2.2 유명한 현존하는 이론가들의 개인적인 지능에 대한 정의

이론가	정의
Jagannath Prasad (J. P.) Das(1931~), 캐나다 심리학자	"지능은 모든 인지적 처리 과정의 총합이다. 그것은 계획, 정보의 부호화와 주의, 그리고 각성을 포함한다." (Das, 게인 교신, 2004.11.24.)
Douglas K. Detterman (1942~), 미국 심리학자	"지능은 정의하기 어려운 것이며, 사실 지적 능력이나 지능과 관련된 어떤 단어라도 일상적으로 사용하면 되면 변질되기 때문에 정의내리기가 훨씬 더 어렵다. 명청이, 바보, 천치 같은 단어들은(오늘날 전문용어로 더 이상 사용되지 않는 용어들이지만, 이전에는 가장 심각한 수준의 정신 장애자를 지칭하는 데 사용되었다) 처음에는 모두 과학적인 용어로 사용되었는데, 일상적인 용어로 사용됨에 따라서 그 의미가 훼손되었다… 따라서 나는 일반 지능 g와 같은 것을 정의하는 것이 더 좋은 접근이라고 생각한다. 그렇게 하면 우리는 수학적 정의를 내리는 것이 가능하고 또한 그 구성 개념에 대한 과학적인 설명도 시도할 수 있다… 즉 우리는 일반 지능 g를 심리 검사 간의 상관으로 정의할 수 있고 그 후에 이론과 실험적 검사도구들을 사용하여 그 g를 설명할 수 있다… 그것이 바로 내가 g를 이해하기 위해 해 왔던 방법이고 나는 g가 정신 능력의 주성분이라고 생각한다." (Detterman, 게인 교신, 2002. 8. 23)
Howard Gardner(1943~), 미국 심리학자	"지능은 어떤 문화적 배경 속에서 가치가 있다고 판단되는 문제를 해결하거나 산출물을 만들어 내는 능력이다." (Gardner, 1983, p. x)
Alan S. Kaufman(1944~), 미국 심리학자	"지금까지 받아들여 온 관점은 Wechsler가 말하는 "g는 존재하며 우리는 주로 언어적인 방식과 비언어적인 방식 두 가지 방식으로 g를 표현할 수 있다."이다. 이제는 더 넓게 능력을 측정해야

한다고 나는 생각한다. 그 능력의 개수가 Wechsler의 관점에서 볼 때 4, 5, 6, 7일 될지 모르지만 만일 지능이라고 부르는 그 무엇을 측정하려고 한다면 복잡해질 수밖에 없다. 그리고 만일 당신이 어떤 이론에 정확하게 맞추기 위해 능력을 매우 좁히려고 한다면 지적인 방식이 할 수 있는 것이 핵심을 놓치게 될 것이라고 나는 생각하며, 그것은 바로 매우 복잡한 방식으로 생각하는 능력이다. 그래서 우리는 요인 순도(factor purity)를 얻으려고 애쓰지 않는다. 하지만 우리는 우리의 척도를 지지하기 위해 요인 분석 결과를 사용했으며 그들도 마찬가지다. 하지만 우리는 사람들이 마음속에 있는 복잡성 – 세상에 접근하는 복잡한 방식 – 에 대응시키기 위해 우리의 척도를 의도적으로 불순하게 만들었다." (Kaufman, 개인 교신, 2004. 7.31)

Dean Keith Simonton (1948~), 미국 심리학자

"지능에 대한 나의 관점은 기본적으로 다원적 관점이다. 그것은 Francis Galton까지 거슬러 가는 일종의 기능주의적 관점에 기반을 두고 있다. 다시 말하면 한 개인이 어떤 주어진 환경 속에서 적응하고 성장할 수 있도록 해 주는 어떤 인지적 능력이 존재하며, 그런 인지적 능력에는 기억과 인출 그리고 문제해결 등이 포함된다. 여러 환경에 성공적으로 적응할 수 있도록 해 주는 인지적 능력들이 있다." (Simonton, 개인 교신, 2003. 7. 5)

Robert Sternberg(1949~), 미국 심리학자

"나는 [지능을] 사회문화적 상황 속에서 강점을 최대화하고 단점을 보강하거나 수정함으로써 그 무엇이든 자신의 삶에서 원하는 것을 성취하기 위한 기술이라고 정의한다." (Sternberg, 개인 교신, 2004. 7. 29.)

Camilla Benbow(1956~)와
David Lubinski(1953~),
미국 심리학자

"[지능은 그 꼭대기에 한 일반 요인을 가지고 있다… 그것은 인간의 지적 기능의 개인차에서 거의 절반에 해당하는 변량을 설명하며, 사람마다 그 기능을 부르는 이름이 다르다. 그것을 지적 고도화(sophistication) 기능이라고도 하고 일반 지능이라고도 하고 g라고도 한다. 그것들은 거의 같은 것이다. 그리고 그다음에는 공간 추리, 언어 추리, 수적 추리와 관계가 있는 더 세부화된 특수한 능력(특수 요인)이 있다. 그리고 그것들은 또 다시 더 세부적인 것으로 나누어진다." (David Lubinski, 2003.7.23. Camilla Benbow와의 동석면담에서 한 말)

정리

- 지능은 심리학적 구성개념이며, 심리학적 구성개념이기 때문에 지능에 대한 정의가 매우 중요하다.
- 유명한 연구자들과 이론가들은 지능에 대하여 매우 다른 방식으로 정의를 내리고 있으며, 그것은 우리가 그들의 연구를 이해하기 위해 필요한 함의를 가지고 있다.

미주

1 다른 우생학 연구자들은 지능 스펙트럼의 반대편 끝에 초점을 맞추어 낮은 지능의 원인과 결과를 이해하고, 제한적인 지능을 가진 사람들의 유전적 자질이 후세에 전달되는 것을 예방하려고 애썼다. 이런 유명한 우생학자인 Henry Herbert Goddard에 대해서는 다음 장에서 살펴볼 것이다.

2 이 '법칙'은 Newton의 제3의 법칙에 경의를 표한다('작용 반작용의 법칙'). 이것은 처음에 대인관계에서 사용되었고, 원래는 법정 사례에서 대립적인 전문가 증언을 의미했다(Proctor, 2001).

3

지능 연구의 기원 : Galton

천재결혼상담소(GeniusMatch.com)에 오신 것을 환영합니다!

우리의 데이팅 서비스 웹사이트를 방문해 주셔서 대단히 고맙습니다. 우리는 특별한 방법으로 천재 수준의 젊은 남녀를 연결해 드립니다. 참가 방법은 간단합니다. 우리가 제공하는 천재 탐색 검사를 받으시거나 당신 가계도에 포함되어 있는 유명인들에 대한 상세한 목록을 보내주십시오. 그 자료들을 받는 즉시 우리의 *자연귀족 금서*(Golden Book of Natural Nobility)에 등록되어 있는 천재 독신자들 중에서 당신의 주거지에서 가까이 살고 있는 가임 연령의 상대자들을 찾아드리는 상담을 해드립니다. 죄송하지만 상대자에 대한 당신의 만족도를 보장하지는 못합니다. 하지만 사회적 책임을 다 하기 위해 천재결혼상담소를 방문한 것에 대해서는 충분히 만족하실 겁니다. 만일 당신과 한 천재가 만나서 아이가 태어난다면, 당신은 이 세상에서 천재의 수를 늘리는 데 일조하는 것입니다. 그리고 그것은 모든 사람에게 이로운 일입니다!

이 서비스는 무료입니다.*

---

* 비천재들에게는 아이를 가지지 말 것을 권장합니다. 만일 당신이 보통 사람이라면 천재들이 더 많은 자녀를 가지게 하기 위해 발생하는 비용을 충당하기 위한 헌금을 기부함으로써 이 서비스를 지원해 주시기 바랍니다. 피임법이나 지역의 천재 가족을 지원하기 위한 정보를 얻기 위해서는 www.intelltheory.com/geniusmatch를 방문해 주십시오.

물론 이 광고는 가짜로 만들어 낸 것이고, GeniusMatch.com도 실제로 존재하지 않는다. 이 데이팅 서비스는 영국의 Francis Galton 경(1822~1911)이 실제로 1800년대 중반에 발표한 몇몇 출판물의 내용에 대하여 장난삼아 우리의 입장을 표현한 것이다. 결혼이나 출산을 하기에는 너무 어린 잠재적인 천재들을 확인하기 위한 방법으로 지능검사라는 개념을 생각해 낸 사람이 Galton이라는 것을 알게 되면 당신은 놀랄 것이다. '자연귀족 금서' 그리고 우리가 풍자한 문장 속의 자선에 대한 급진적인 새로운 개념 또한 Galton이 제시한 것이다. 후대를 위해 다행히 이 제안은 받아들여지지 않았지만, 그가 제안한 지능검사의 개념은 지지를 받았다. 지능검사 이외에 Galton의 여러 가지 생산적인 아이디어는 최근의 지능 이론과 지능검사에 커다란 영향을 미치고 있다. 이 장에서는 그의 몇 가지 공헌에 대해 살펴볼 것이다.

지능 이론과 지능검사에 대한 Galton의 공헌

Francis Galton경은 심리학으로 관심을 돌리기 이전에 여러 영역에서 명성을 얻은 박식가였다. 원래 그는 아프리카 탐험가, 여행 작가, 왕립지리협회의 특별회원으로 유명했다(예 : Galton, 1851, 1853a, 1853b). 그는 처음으로 현대적인 일기도를 만들었고 교차하는 고기압계와 저기압계의 기상학 이론을 확립했다(Galton, 1861a). 이 노력들이 Galton의 가장 중요한 연구를 위한 기반이 되기는 했지만 지능 이론과 지능검사의 발전을 위한 중요한 공헌을 하기 시작한 것은 그가 중년이 된 이후다. 그의 중요한 공헌으로는 상관계수와 같은 통계적 개념을 발견하고(Galton, 1894), 입양가족(Galton, 1869)과 쌍둥이(Galton, 1875)를 포함시키는 연구방법론의 발전에 기여하고, 설문지 연구에서 사용되는 설문지를 발명한 것이 포함된다(Galton, 1874). 그는 또한 인간 본성의 형성에 영향을 미치는 유전과 환경의 상대적인 역할을 개념화하기 위해서 '자연과 양육'이라는 문구를 처음으로 사용했다(Galton, 1874). Galton은 천재는 생물학적으로 결정된다는 것을 증명하기 위하여 가계도를 사용한 연구를 했으며 그는 확고한 유전론자였다. 선택적 번식을 통한 우수한 인간 혈통을 만들려고 하는 그의 이상적인 비전을 기술하기 위하여 우생학이라는 용어를 만들어 내었다. 지능검사의 개념은 이 우생학을 적용하는 과정에서 탄생했다(Galton, 1883).

Darwin과 종의 기원

1859년 Galton은 그의 사촌인 Charles Darwin이 그 당시에 발표한 종의 기원을 읽고 곧 진화론에 매료되었다. 그는 이미 문화 집단 간의 심리적 차이에 대한 연구의 전문가로 알려져 있었으며, 그의 자기민족 중심적인 관점은 빅토리아 시대의 많은 영국의 다른 탐험가들과 다르지 않았다(Galton, 1861b; Fancher, 1983, 1985 또한 참조). 하지만 인식체계를 바꿔놓은 다윈의 생각은 이 지각된 심리학적 경향에 대한 새로운 사고방식을 제공했다. 진화론은 그에게 뇌와 신경계의 특수한 유전적인 특성 때문에 심리적 차이가 생길 수 있다는 점을 암시해 주었다. 동물의 왕국에서 물리적 특성이 자연 선택에 의해 진행되는 것과 마찬가지로, 시간이 지나면서 자연 선택의 법칙에 따라 인간의 경험에 긍정적으로 공헌한 유전된 작은 변이는 특수한 집단에서 점점 더 일반적으로 된다. 따라서 그는 조심스럽게 계획된 번식을 통해 인간 진화의 방향과 속도를 통제하는 것이 가능하다고 추론했다(Fancher, 1983, 1985).

이 Darwin의 이론을 기반으로 무장하고, Galton은 증거를 찾기 시작했다. 1865년 그는 '유전적 재능과 특성(Hereditary Talent and Character)'을 발표했으며, 그 논문 속에서 재능이 가계를 통해 흐른다는 것을 경험적으로 보여주기 위해서 인물 사전에 등록되어 있는 사람들을 통계적으로 조사했다. 과학계는 유전의 법칙을 잘 이해하지 못한다고 인정하는 한편 그가 확인한 특성에 미치는 환경적인 영향의 중요성을 일축했다. 이 연구를 뒤이어 4년 후에는 유전적 천재: 그 법칙과 결과에 대한 탐구(Hereditary Genius: An Inquiry Into Its Laws and Consequences)(1869)가 발표되었다. 이 책은 앞의 논문과 같은 논리를 적용하고 있지만, 훨씬 큰 규모로 유명한 300가계 출신의 남자 1,000명을 대상으로 했다. 여기에서도 Galton의 통계분석 결과는 명성이 가계에 유전되는 경향을 나타냈으며, 이 경향성은 아주 큰 키와 같은 신체적 특성이 유전의 영향을 받는다는 것으로 이미 인식되고 있던 것과 견줄 만했다. 그 책에는 또한 유전된 심리적 특성이 사회에 큰 영향을 미친다는 부가적인 증거를 제시하기 위하여 인종, 민족, 국가적으로 비교한 내용도 포함되어 있다(Fancher, 1983, 1985).

단점은 있지만, 유전적 천재는 천재에 대한 첫 번째 경험적 연구로서 기념비적인 공헌을 했으며(Forrest, 1974; Simonton, 2009), 영재와 유명 인물들의 발달사에 관심이 있는 미래 연구자들을 위한 무대를 마련했다.[1]

Darwin의 진화론은 Galton에게 자연 선택의 원리를 이용하여 의도적인 방향으로 인간 종의 진화를 진행시키는 것이 가능하다는 것을 암시했다. 1883년 그는 이 과정을 기술하기 위해 그리스어 *eu*(좋은)와 *genos*(출생)에서 우생학(eugenics)이라는 말을 만들어 내었다. 사회의 이익을 위해서 어떤 종류의 사람들은 아이를 갖고 또 어떤 종류의 사람들은 아이를 갖지 않는 것이 좋다고 처음으로 말 한 사람은 Galton이 아니다. 현대 우생학에 대한 전조는 Platon의 국가론(ca. 380 BCE) 이후로 계속 존재했다. 하지만 우생학을 실현하기 위해 과학 원리를 사용한 시스템을 처음으로 제안한 사람은 Galton이다.

Galton의 비전은 대략 다음과 같다. 지능이 매우 높은 젊은 남자와 여자가 만나 결혼을 하고 자식을 가지도록 장려해야 하고, 그래서 시간이 지나면 일반 인구 중에 지적으로 우수한 사람들의 수가 증가하게 될 것이라는 것이다. Galton은 영국 정부가 이 과정을 돕기 위해서 젊은 천재들이 지적인 영재 동반자를 찾기 위해 사용할 수 있는 미혼의 고도 영재들에 대한 국가 등록부('자연귀족 금서'라고 그가 말했던 책)를 만들 것을 희망했다(1873, p. 125). 그가 생각하는 이 완벽한 세상에서는 영국 여왕이 직접 결혼식에 참석하여 신부를 신랑에게 인도하고 정부는 이 충실한 커플에게 결혼선물로 5,000파운드를 준다(Galton, 1865). 이 목적을 지지하는 젊은 천재들이 자연스럽게 서로를 찾게 되면 마침내 이 개입은 필요 없게 될 것이다(Galton, 1873). 이와 동시에 평균 이하의 지능을 가진 사람들에게는 자식을 낳지 않도록 권장할 것이다. Galton은 일반인들이 우생학의 지혜를 이해하고 스스로 아이를 가지지 않는 선택을 할 것을 기대했으며, 나아가 아이를 기르지 않아서 절약되는 돈을 자식이 많은 천재 가족들을 위해 기부할 것을 희망했다. 이런 방식으로 그는 자선의 개념을 급진적으로 재정의했다. 그는 또한 전통적인 형태의 자선은 기꺼이 산아제한을 하는 가족에게만 한정하도록 권고했다(Galton, 1873; Fancher, 1983, 1985 또한 참조).

지능검사의 개념

Galton은 이 우생학자의 이상을 실현시키기 위한 방법으로 지능검사의 개념을 생각해 냈다. Galton은 천재를 확인하기 위해 그가 사용했던 지적 명성의 조건은 일반적으로 중년이 될 때까지는 명성이 잘 나타나지 않기 때문에 '자연귀족 금서'의 개념이 이상적이지 않다고 인식했다. 그는 천재들이 제 짝을 찾지 못한 채 아이를 갖기 전에 잠재적인 천재를 확인할 수 있는 방법이 필요했다.

젊은 천재를 탐색하기 위한 검사를 개발하기 위해 Galton은 인체 측정 ─글자 그대로 인간 몸의 측정─을 하기로 했다. 사람은 감각으로부터 정보를 받아들이기 때문에 가장 예민한 감각을 가지고 있는 사람이 당연히 가장 유능한 신경계를 가지고 있을 것이라고 생각했다. 그러므로 그는 신경의 효능성을 측정함으로써 지적 능력을 알 수 있다고 추론했다. 그는 반응시간, 감각 예민감, 운동 제어력(motor control) 같은 것을 측정하는 여러 검사를 만들었다(Galton, 1885a, 1885b; Fancher, 1983, 1985; Kaufman, 2009; Simonton, 2009 또한 참조). 이 인체 측정 실험은 처음으로 시도된 과학적인 지능검사였다(Kaufman, 2009).

Galton이 데이터를 수집하는 전략은 천재적이었다. 그는 실험실로 실험 참가자들을 끌어들이는 데 시간을 소비하는 대신 그의 실험실을 그들에게 옮겨놓았다(Simonton, 2009). 1884년 그는 런던 국제 건강 박람회에 가게를 차려놓고 사람들에게 일인당 3펜스를 받고 검사를 해 주고 그들의 수행에 대한 결과 보고서를 받을 수 있는 특권을 부여했다. 그 후 6년간 다양한 연령의 9,000명 이상의 사람이 Galton의 실험실에서 검사를 받았고, Galton은 매우 큰 표본을 가지고 일반 집단의 개인차에 대한 체계적인 연구를 하는 첫 번째 과학자가 될 수 있었다(Fancher, 1985; Gould, 1981; Kaufman, 2009). 그는 또한 그 변인들 간의 관계의 강도를 결정하기 위한 방법을 만들어 냄으로써 통계학 분야도 발전시켰다. 그의 방법은 그의 제자인 Karl Pearson(1857~1936)에 의해 개선되고 많은 과학 분야에서 기본적인 통계 도구로 사용되는 현대 상관계수로 발전했다.

Galton의 인체 측정 검사에 대한 이야기는 독일에 있는 Wilhelm Wundt의 실험심리 연구실까지 퍼졌으며, 그 연구실의 미국인 대학원생인 James McKeen Cattell(1860~1944)이 관심을 가지게 되었다. Galton의 연구에 감동한 Cattell은 런던으로 건너가 2년간 연구하고 1888년에 인체 측정 데이터를 가지고 미국으로 돌아갔다. 인체 측정이 막을 내린 것은 바로 여기였다. Cattell의 지도학생이었던 Clark Wissler(1870~1947)는 박사논문을 준비하는 과정에서 Cattell의 인체 측정 변인들과 대학 평점과 같은 지능 수준을 나타낸다고 볼 수 있는 다른 외재적 측정치 간에 유의미한 상관이 없다는 것을 발견했다(Wissler, 1901; Kaufman, 2009 또한 참조). Wissler의 논문이 발표된 당시에는 지능검사에 대한 기본 연구 패러다임이 인체 측정이었다. Wissler의 연구 결과가 알려진 이후, 차츰 정신물리학적 검사에 대한 심리학적 관심이 시들해지기 시작하고 대신에 파리에서는 Alfred Binet(1857~1911)와 Theodore Simon(1873~1961)에 의한 더 성공적인 접근의 검사도구가 개발되려고 하는 중이었다.

Galton의 간략한 심리적 전기

초기의 전기 작가들은 종종 Galton이 자신을 천재로 생각했으며 이 자만심이 그가 이 주제에 관심을 가지게 된 한 가지 자극제라고 시사한다(예 : Forrest, 1974). 최근에는 또 다른 관점이 나타났다. Galton이 천재의 기원을 완고하게 유전적으로 설명하려고 한 이유는, 그 자신의 업적을 강박적으로 예찬하려고 하기보다는 최소한 부분적으로 자신의 지적 경험의 어떤 유쾌하지 않은 측면을 설명하기 위한 그의 필요에서 유래한다는 것이다. 이것은 심리 역사학자인 Raymond Fancher의 주장인데, 그는 Galton의 글을 자신을 과장하기보다는 '신랄하게 자서전적'이라고 했다(Fancher, 1985, p. 25; Fancher, 1983, 1998 또한 참조).

　Galton은 Charles Darwin의 사촌 동생이며 영국의 부유하고 덕망 있는 가문 출신이다. 그는 다방면에 흥미를 가지고 있었고 책 읽기를 좋아하며 기억력이 좋아서 몇 번 읽지 않고도 전부 외우는 조숙한 아이였다. 그의 가족은 이런 지적 성취를 매우 자랑스럽게 생각했고, 그래서 그의 학업 성공에 대해서도 높은 기대를 했다. 몸이 항상 아팠던 Galton의 누나는 거의 모든 시간을 열정적으로 그를 교육하는 데 보냈다. 그는 잘 반

35

응했고, 곧 그의 가족들은 그가 그의 아버지 쪽 가계에서 처음으로 학사 학위를 받게 되는 사람이 되고 대학교 성적도 아주 우수할 것이라고 당당하게 선언했다. 어린 Galton은 이 무거운 기대를 마음에 새겼고, 어릴 때부터 그는 이 세상에서 그가 가장 원하는 것은 우수한 성적으로 대학을 졸업하는 것이라고 말했다. (그는 다섯 살 생일날 이전에 이런 영예를 획득하기 위해 돈을 모으기 시작했다.) 어린 시절 그의 가족은 그의 특수성을 계속 그에게 상기시켰고 그는 특별한 사람이 되는 것이 살아 있는 동안 그가 할 역할이라고 믿게 되었다. 그는 성장해가면서 높은 학업 목표를 세우고 권위 있는 지적 경쟁에서 특출한 성공을 추구함으로써 이런 정체성을 함양했다(Fancher, 1983, 1985, 1998).

불행하게도 이 작은 소년에게 가족들이 수월성을 중심으로 설계한 교육은 그 목표가 잘못된 것이었다. 그것은 분명히 남들에게 보여주기에는 좋은 것이었지만(Galton은 6세 때 집에 오는 손님들 앞에서 셰익스피어를 읽었다), 그가 8세가 되었을 때 다니기 시작한 엄격한 기숙학교에서 경쟁력을 발휘하기 위해 갖추어야 하는 실제적인 내용과 규율은 부족했다. 그는 처음에는 자신의 연령보다 높은 학급에 배치되었지만 곧 같은 연령의 학급에 재배치되었다. 짧은 기간 동안 연달아 작은 수모들을 겪게 되었다. 학교에서 스타가 될 것이라고 모든 사람이 기대했던 것과는 달리, '그의 일기와 편지 속에는 자신이 특출하지 못한 것에 대한 처벌적 과제와 구차한 변명으로 암울함을 표현함으로써 전형적인 평범한 학자임을'(Fancher, 1985, p. 22) 스스로 나타냈다. 하지만 그는 어릴 때 가지고 있던 특출함을 증명하려는 야망을 여전히 가지고 있었으며, 그의 아버지에게 보낸 편지에서도 청소년기까지 그가 경쟁심리가 대단했다는 것을 분명히 알 수 있다. 그 편지 속에서 그는 예리한 눈으로 자신의 경쟁자라고 생각하는 다른 학생들의 지적인 장점과 단점을 평가하고 있다 (Fancher, 1985).

이 불길한 시작은 Galton의 목표인 대학에서 우등생되기를 위한 좋은 조짐이 되지 못했다. 그가 18세에 케임브리지대학 입학 허가를 받았을 때쯤 그는 고전문학에서 우수한 성적을 받기가 쉽지 않다는 것을 깨닫게 되었으나, 그는 다른 영역에서 뛰어난 성적을 얻을 수 있을 것이라고 여전히 낙천적으로 생각했다. 그의 가족의 흔들림 없는 신뢰는 "아버지는 네가 [형제들에게] 많은 도움을 나누어 줄 수 있을 정도로 뛰어난 인물이 될 것이라고 공중에 누각을 짓고 계셔."라고 쓴 누나의 편지 속에 잘 나타나 있다(E. Galton, 1840). Galton은 대학교에서 우등생이 될 정도로 높은 점수를 결코 받지 못했으며, 실망한 나머지 얼마 동안 심각한 정서적 위기에 빠지기도 했다. 1843년 그는 우등생이 아닌 보통 학생으로 학위를 받았고, 1844년 이후로는 더 이상의 형식적 교육을 포기했는데, 그럴 수 있었던 이유는 그 해에 아버지로부터 유산을 물려받기 때문이다.

여러 해 동안 Galton은 물려받은 재산으로 목표도 없이 떠돌았다. 그는 낯선 지방으로 여행을 했고, 사격술을 연마하고, 열기구 스포츠를 했다. 여전히 대학교에서 받은 아픈 경험에서 벗어나지 못한 상태에서 그는 마침내 전문 골상학자의 상담을 받기로 했다. 그 골상학자는 그의 머리 모양이 학자로서 성공할 상이 아니라고 했다. 아마도 Galton의 배경에 대한 정보를 미리 가지고 있었던 그 골상학자는 그의 머리는 실제적이고 활동적인 직업이 더 잘 맞는 모양이라고 상담해 주었다. 이 골상학자의 충고는 Galton에게 긍정적인 터닝 포인트를 제공해 주는 결과가 된다. 그는 열정과 에너지를 되찾고 모험적인 옥외 활동을 하도록 방향 설정을 해 주었으며, 그 결과 그가 처음으로 대중의 갈채를 받는 결과를 가져다주었다(Fancher, 1983, 1985, 1998).

자신감이 매우 높고 학문적 영예를 크게 갈망하고, (사회적 지위, 부, 교육 접근성, 근면성, 그리고 확고한 가족의 신뢰와 같은) 여러 가지 환경적 이점을 물려받는 Galton과 같은 사람은 천재는 만들어지기보다는 천재로 태어난다는 결론을 궁극적으로 내릴 가능성이 높다는 것을 우리는 반드시 고려해야만 한다(Fancher, 1983, 1985, 1998). Galton 자신의 개인사는 각 개인에게는 교육과 열망으로 더 나아갈 수가 없는 미리 정해진 지적인 상위 제한선이 있다는 것을 보여주는 것 같다. 그는 기숙학교와 케임브리지대학에서 그보다 더 성공적인 동료들과 같은 강의를 들었다. 그는 그의 동료들만큼 혹은 더 많이 노력했다. 그는 그 누구보다 성공하기를 원했다. 그러나 그는 상위권에 들지 못했다.

Fancher(1983, 1985, 1998)는 이런 실망스러운 개인적인 경험과 천재에 미치는 환경적 영향에 대한 Galton의 무지 간에 중요한 관련성이 있다고 제안한다. 유전적 천재(1869)에서 Galton은 다음과 같이 이야기하고 있다.

학교에 처음 들어가서 학술적인 어려움과 직면하게 되면 열성적인 소년은 그의 발전 속도에 깜짝 놀란다. 그는 새로 발달된 정신적 이해력과 성장하는 적용력을 자랑스럽게 생각하고 아마도 자신이 인류 역사에 흔적을 남긴 영웅들 중 한 명이 될 수 있으리라고 믿게 된다. 해가 가면서 그는 학교와 대학 시험에서 그의 동료들과 반복적으로 경쟁하고, 그리고 곧 그들 속에서의 자신의 자리를 알게 된다. 그는 그의 경쟁자들 중에서 누구를 이길 수 있는지, 그와 같은 수준의 능력을 가지고 있는 동료가 누구인지, 그리고 그가 접근할 수조차 없는 수준의 지적 능력을 가지고 있는 사람이 누구인지를 알게 된다.(pp. 56-57)

유전적 천재 속의 '열성적인 소년'이 Francis Galton인가? 그럴 가능성이 상당히 있다. Galton이 스스로 생각하는 실패들은 골상학자가 그 실패에 대하여 '선천적'인 것으로 설명해 줄 때까지는 자신감을 황폐화시켰다. 가족의 기대에 맞추어 살기 위해 노력하는 것으로부터 자유로워진 후에야 Galton은 마침내 편안하게 그의 진정한 천재성을 추구하게 되었다. 그 이후에는 지능 이론과 검사에 큰 공헌을 한 그의 유명한 업적들이 계속해서 발표되었다. 하지만 이 궁극적인 성공을 위해 노력한 결과는 그의 강력한 유전론자 입장에 반대되는 입장을 볼 수 없었던 무능력이었다.

그 어떤 객관적인 수치로 보아도 Francis Galton 경은 특별하게 성공한 사람이었다. 1909년에 기사 작위를 받았고 후세에는 천재로 인정받았다(Simonton, 2009). 그는 상관계수의 통계적 개념을 개발했고, 처음으로 천재에 대한 과학적인 연구를 수행했고, 입양가족과 쌍둥이 연구와 설문지 연구 방법을 처음으로 개발했고, '자연과 양육'이라는 과학 용어를 만들어 내었다. 그의 인체 측정 검사 실험실은 이 세상에 지능검사 실시의 개념을 소개했다. 불행하게도 그는 선험적인 유전성을 가정했기 때문에 생물학적인 천성 이외의 메커니즘에 대한 중요성을 인식하지 못하고 지능을 연구했다. 초점을 잘못 맞춘 우생학은 그의 업적을 오염시켰다. 그의 심리적 전기는 이런 학문적인 실수에 대해 어느 정도 이해할 수 있게 해 주고 있으며, 21세기 독자들이 그의 인간적인 단점에 대해 좀 더 동정할 수 있게 해 준다. 결국 과학자들도 개인적인 경험 — 성공과 실패 모두 — 이 그들의 연구에 미치는 영향과 편견을 피할 수가 없다.

정리

- Francis Galton 경은 천재를 최초로 체계적으로 연구한 과학자이다.
- Galton은 선택적 양육을 통해 우수한 인종을 만들기 위한 그의 이상적 비전을 묘사하기 위하여 우생학이라는 용어를 만들어 내었다. 그는 이 프로그램을 적용하기 위하여 천재를 확인하는 한 가지 방법으로 지능 검사를 독창적으로 생각해 내었다.
- Galton은 상관계수라는 통계적 개념을 개발했으며 입양가족, 쌍둥이 연구, 그리고 설문지 연구 방법들을 선구적으로 개척했다.
- 유전적 입장에 대한 강력한 옹호자인 Galton은 '천성과 양육'이라는 말을 처음으로 사용한 과학자다.
- 학업적 성공을 획득하려고 노력했던 Galton의 개인적인 투쟁이 천재는 만들어지는 것이 아니라 태어난다고 하는 그의 믿음에 영향을 미쳤을 것이다.

미주 ....

<u>1</u> 21세기 천재들 연구에 관심이 있는 독자들은 심리학 101 시리즈 중 하

나인 Dean Keith Simonton이 쓴 천재 101(2009)을 반드시 읽어 보시오.

지능 101

Goddard가 우리에게 전하고 싶었던 지능 발달에 대한 진정한 의미는 무엇인가?

1912년 12월 5일

안녕하십니까?

기쁜 소식을 알려드리겠습니다. 당신의 남동생에게 실시한 지능검사의 결과가 우리가 처음에 생각했던 바보(imbecile)가 아닌 것으로 나왔습니다. 그는 실은 바보보다 정신 기능 수준이 더 높은 멍청이(moron)입니다. 이 소식을 듣고 마음이 놓일 것으로 기대합니다! 정신박약자들을 위한 우리 기관에서는 그를 환영합니다. 우리는 그가 자립할 수 있도록 그리고 퇴화된 사람들이 사회 속에 방치될 때 겪게 되는 어려움을 극복할 수 있도록 훈련시킬 수 있습니다. 그는 실제 연령이 20세인데 정신연령은 그보다 훨씬 떨어지는 9세밖에 되지 않습니다. 하지만 그는 우리 시설에서 살고 있는 20세의 천치(idiot)나 바보(imbecile)보다 훈련 가능성이 있는 더 큰 잠재력을 가지고 있습니다(물론 천치와 바보들을 위해서도 우리 시설에서는 최선을 다 하고 있습니다). 더 자세히 알고 싶은 내용이 있으면 문의해 주십시오. 정성껏 답해드리겠습니다.

– Dr. Jones, 심리학자

정신박약자를 위한 으뜸 보호 단체

위에 제시된 가상 편지를 읽고 당신은 분명히 놀랐을 것이다. 특수 교사나 심리학자가 지적 장애를 가지고 있는 사람에 대해 어떻게 그런 용어를 사용할 수가 있는가? 그 편지가 실재는 아니지만, 그 취지나 감정이나 용어는 손상된 지적 기능을 가지고 있는 사람에 대하여 20세기 초의 일반적인 태도를 그대로 나타내고 있다. 사실 그 당시의 지식인들은 이 사람을 진단하기 위해 사용된 최첨단 과학에 감명을 받았을 것이다. 우리가 의도적으로 놀라게 하기 위해 만들어 낸 가짜 편지에 독자들이 충격을 받았겠지만, 나중에 이 장에서 소개되는 실제로 인용된 용어들을 보면 더 충격을 받을 것이다. Henry Herbert Goddard(1866~1957)의 유업은 매우 복잡하다. 미국에서 지능검사의 활용과 접근성을 발전시키는 데는 큰 공헌을 했지만 21세기 지능 연구자들을 당혹스럽게 만드는 전문가적인 실수도 범했다.[1] 이 장에서 우리의 목적은 지능 이론과 검사에 대한 복잡한 역사를 설명하기 위해 균형된 관점을 가지고 Goddard 인물 자체와 그의 연구를 살펴보는 것이다.

용어에 익숙해지기

Goddard에 대하여 깊이 살펴보기 전에 우선 이 장에서 사용되는 몇 가지 용어들에 대해 여러분들을 둔감화시킬 필요가 있다. 지능 이론과 검사에 대해 가르치다 보면 많은 학생들이 Goddard와 그의 동시대 인물들이 사용한 용어들과 씨름한다. 이 책의 저자 중 한 명인 Amber는 Goddard가 1912년에 쓴 캘리캑 가족 : 정신박약의 유전에 관한 연구(The Kallikak Family, A Study in the Heredity of Feeble-Mindedness)를 처음 펼쳤을 때 천치, 바보, 멍청이와 같은 용어들이 태연하게 사용되고 있던 것을 생생하게 기억한다. 그 당시에 그녀가 몰랐던 것은 이런 용어들이 모욕적인 뜻으로 사용되지 않았다는 것이다. 처음에는 지적 능력 수준을 기술하기 위하여 의사와 교사들이 주관적으로 사용한 부정확한 임상적 용어들이었다. 그것들은 마침내 Binet-Simon(1908) 지능검사를 Goddard가 영어로 번역한 지능검사에서 개인의 낮은 수행 수준을 나타내는 기술적인 분류법이 되었다.

1904년 프랑스 정부는 특수교육을 받아야 할 필요가 있는 성취도가 낮은 학생들을 확인하기 위한 도구를 만들 것을 한 전문가 집단에게 의뢰했다. 1905년 Alfred Binet(1857~1911)와 그의 제자인 Theodore Simon (1873~1961)은 Binet-Simon 척도를 출판했으며, 이것이 이 세상에 나온 첫 번째 지능검사가 되었다(방대한 논쟁에 대해서는 Kaufman, 2009 참조). 그 검사는 난이도가 낮은 수준에서 높은 수준으로 배치되어 있는 30개 문항으로 구성되어 있었다. 가장 간단한 검사 문항은 성냥 불빛에 따라 눈을 움직일 수 있는지 혹은 검사자와 악수를 할 수 있는지 알아보는 것이었다. 조금 더 어려운 문제는 검사자가 신체 부위를 말하면 아동이 그 신체 부위를 가리키게 하거나, 검사자가 제시하는 숫자 3개 혹은 간단한 한 문장을 반복하도록 하는 것, 그리고 **집, 포크, 엄마**와 같은 단어의 뜻을 말하도록 하는 것이었다. 더 어려운 문항은 두 물건의 차이점을 말하기, 기억해서 그림 그리기, 그리고 **파리, 강, 행운**과 같은 세 단어를 주고서 문장을 만들도록 하는 것이었다. 가장 어려운 문항은 아동에게 무작위 숫자 7개를 주고서 따라 말하기, 불어 단어 *obéissance*를 주고서 세 가지 라임을 찾기, 그리고 "이웃집에 이상한 방문객들이 오고 있다. 의사, 변호사, 그리고 신부님이 차례대로 들어갔다. 무슨 일이 일어나고 있는 것인가?"와 같은 문제에 답하기다(Fancher, 1985).

이 과제들은 각 아동의 '정신 수준'을 나타내도록 세밀하게 구성되어 있었으며, 그 수준을 그의 생활연령에 비교하게 되어 있었다. 예를 들어, 어떤 10세 아동이 보통의 10세 아동이 완성하는 과제를 모두 완성하고 그 위의 과제는 전혀 완성하지 못하면 그 아동은 그의 생활연령과 정확하게 일치하는 정신 수준을 가지고 있다고 할 수 있다. 만일 어떤 아동이 그의 생활연령에 비해서 정신 수준이 2년 이상 뒤처진다면(예 : 생활연령은 10세인데 정신 수준은 8) 일반적으로 저능아로 진단되었다 (Fancher, 1985).

Goddard와 Binet-Simon 척도

Goddard는 Binet-Simon 척도를 미국으로 가지고와서 영어로 번역하면서 정신 수준(mental level)을 정신연령(mental age)으로 번역했다. 4장 첫부분에 나온 편지 속의 가상적인 20세 남동생은 Binet 지능검사에서 그의 정신연령이 8~12세 정도이기 때문에 멍청이로 진단되었을 것이다. 그보다 조금 더 불행한 동료인 바보(imbecile)는 정신연령이 약 3~7세, 그리고 천치(idiot)는 3세 미만이었을 것이다. 정신박약(feeble-minded)이라는 용어는 원래는 낮은 수행 집단 중에서 지능이 가장 높은 집단을 의미했지만(1910년에 멍청이로 대체되었다), 후에는 간질, 약물 남용, 그리고 도덕성 결핍과 같은 다른 문제를 가지고 있는 낮은 지적 기능을 의미하게 되었다. 또한 굼벵이, 타락자, 백치, 정신 결핍자, 불구자와 같은 용어들도 Goddard와 20세기 초 동시대인들에 의해 전문적인 문헌에서 자유롭게 사용되었다(Zenderland, 1998).

Goddard와 그의 동시대인들에 대해 무신경하다고 판단하기 전에 심리학의 전문적인 언어가 지속적으로 진화하고 있다는 것을 이해하는 것이 중요하다. 정신지체(mentally retarded)라는 용어를 생각해 보자. 우리가 이 글을 쓰고 있는 2013년 현재 누군가를 '지체자'라고 부르는 것은 매우 무례한[2] 것으로 생각된다. 하지만 2007년까지만 해도 인지적 장애가 있는 사람들을 연구하고 지지하는 집단의 이름이 미국 정신지체협회(American Association on Mental Retardation)였다(지금은 미국 지적장애및발달장애협회로 개명했다)(Schalock et al., 2010). 지체라는 단어는 12세기의 불어로 '미루다, 오래 끌다, 혹은 느리다'라는 뜻의 *retarder*로 거슬러 올라갈 수 있다(Oxford English Dictionary, 2011). 만일 사회적 맥락을 고려하지 않고 단어의 기본적인 형태만 생각한다면, 정신지체라는 단어는 단순히 대부분의 사람들과 비교해서 느린 속도로 배우는 개인의 속성을 의미한다. 이것은 실제로 심리학자나 교사 혹은 그런 사람을 도우려고 애쓰는 의사에게 도움이 되고 필요한 정보가 될 수 있다.

그러나 물론 사회적 상황을 무시하는 것은 불가능하다. 지체라는 말은 사람을 묘사하기 위해 더 이상 사용되어서는 안 된다. 느리게 학습하는 것을 기술하기 위해 전문가들이 편의상 사용하던 이 용어가 일반인들까지 사용하게 되면서 모욕적인 뜻으로 변했다. 운동장에서 아이들이 놀면서 다른 아이를 '지체아'라고 부르는 경우가 생기기 시작하자, 과학자들은 표현할 수 있는 다른 용어가 필요하다고 생각하게 되었다. 고정관념을 탈피해야 하고 여러 장애에 대한 가장 최근의 연구를 반영하는 새로운 용어를 찾아야 했다. 현재 미국 지적장애및발달장애협회가 선호하는 용어는 **지적 장애**와 **지적 장애인**이다. 이 새로운 용어는 단순히 지체라는 말을 대체한 것이 아니라 첫 번째로 중요한 것은 사람이고 그 사람이 가지고 있는 속성이 두 번째라는 점이다. 즉 그녀는 지적으로 장애가 있는 사람이 아니라 그녀는 한 사람으로서 지적 장애를 가지고 있다라는 것이다(Schalock, Luckasson, & Shogren, 2007). 이 변화는 2010년 오바마 대통령이 Rosa's Law(2010; 공법 11~256)를 사인해서 법문화되면서 미국 연방의 건강, 교육, 노동 정책에서 정신지체와 정신지체자라는 용어를 제거하고 지적 장애 그리고 지적 장애인으로 바꾸도록 했다. 마찬가지로 정신 장애 진단 및 통계 편람(Diagnostic and Statistical Manual of Mental Disorders) 최신판은 '정신지체' 카테고리를 '지적 발달 장애' 카테고리로 바꾸었다(American Psychiatric Association, 2013).

이제는 지적 장애인이라고 일반적으로 부르게 되었지만, 전문적인 용어를 사회적으로 더 이상 사용하지 못하도록 하는 것은 어렵다. 아마도 수년 내에 이 새로운 용어들이 아이들이 노는 운동장에까지 스며들어서 아이들이 어떤 아이를 "너 지적 장애아 같아."라는 말로 놀릴 것 같다.[3] 언젠가는 심리학자와 특수교육자들이 지능 점수가 낮은 사람이나 적응력이 부족한 사람의 특수한 속성을 묘사하기 위해 새로운 용어를 선택해야 할 것이다. Henry Herbert Goddard에 대하여 읽어가면서 이 가능성을 생각해 보는 것이 도움이 될 것이다.

미국의 지능 이론과 검사에 영향을 준 Goddard의 공헌

Goddard는 정신적으로 모자란 사람들 중에서 가장 높은 집단을 지칭하기 위하여 1910년 멍청이라는 용어를 만들어 내었다(Goddard, 1910). 이런 용어를 만들어 낸 이유는 지적 기능이 부족한 사람들을 더 세밀하게 분류하기를 원했기 때문이다. 세분화하기 위한 이런 탐색이 그가 지능 이론과 검사에 끼친 가장 큰 공헌 중 하나다. 사실 그것이 미국에서 지능 검사가 가능하게 된 이유다.

Goddard가 1906년 뉴저지 주 바인랜드에 있는 정신박약 소녀와 소년을 위한 훈련 학교(Training School for Feeble-Minded Girls and Boys)의 새로운 연구 소장으로 부임했을 시기에는 지적 장애를 확인하고 진단하고 분류하는 합의된 시스템이 없었다. 어떤 사람이 어려움이 있을 때 그 어려움의 성질이 무엇인지 모른다면 도움을 주기가 어렵기 때문에 이 문제는 매우 중요하다. Goddard 시대에 전문가들은 "그것을 보면 그것을 알 수 있다."라는 주관적인 접근에 의존해서 지적 능력에 대한 신뢰할 수 없는 평가를 하고 개선을 위한 불일치한 진단을 했다. 바인랜드 학교에서 300명 이상의 학생들과 많은 시간을 보내면서, Goddard는 장애인과 가까이에서 일한 사람들은 지적 능력에 대한 '어느 정도 정확한' 직관적인 판단을 할 수 있을 것이라고 믿었다(Goddard, 1908b, p. 12). 하지만 심리 과학의 발전을 위해서는 객관적인 과학적 방법이 필요하다는 것도 그는 알았다. 다른 연구자들에 의한 이 과제에 대한 초기의 노력은 실패했었다(Zenderland, 1998).

Goddard는 2년간 몇 가지 심리검사 방법을 실험했지만(지적 장애에 대한 과학적인 연구를 위한 첫 번째 실험실에서) 의미 있는 결과를 얻지 못했다(Zenderland, 1998). 1908년 Goddard는 멀리 유럽으로 건너가 그곳의 전문가들과 상의했다. 그는 많은 유명한 심리학자들을 만나고 의사와 교사들도 방문했다. 어느 날 Ovide Decroly라고 하는 벨기에 의사이자 특수교육자를 방문했을 때 그는 Goddard에게 Binet-Simon 지능검사한 부를 건네주었다(Binet & Simon, 1905). 이런 심리검사 접근법은 그가 이전에 시도한 그 어떤 방법과도 완전히 달랐다. 그것의 가능성에 자극을 받아서, Goddard는 그 검사를 미국으로 가지고 돌아와서 바인랜드학교 학생들에게 실시했다. 그 이후 Binet와 Simon(1908)은 3~13세를위한 종합 지능검사와 규준을 발표했다. 이제는 어떤 연령의 아동이든그의 점수를 그 규준에 비교하여 그 아동의 대략적인 '정신 수준'을 측정하는 것이 가능하게 되었다.

Goddard는 Binet 검사를 번역해서 바인랜드 학생 모두에게 실시했다. 그들의 검사 점수에 나타난 아동의 정신연령이 바인랜드 교사의 주관적인 판단과 일반적으로 일치하는 것을 발견하고 기뻐하였으며, 이것은 준거 타당도를 증명하는 결과가 되었다. 정신연령을 기본적인 경계로 해서 그는 이제 천치, 바보, 멍청이로 더 자세하게 구분할 수 있었다. 마침내 그는 의사, 심리학자, 특수교육자들이 찾기 위해 애써왔던 정밀진단을 할 수 있게 되었다! Goddard는 이 노력에 대한 글을 그의 기관 잡지에실었으며, 이 출판으로 그는 미국에 처음으로 실제 지능검사를 소개하게 되었다(Goddard, 1908a; Kaufman, 2009; Zenderland, 1998 또한 참조). 그 직후에 미국 정신박약자연구협의회(American Association for the Study of the Feeble-Minded)는 Goddard의 분류체계를 '정신박약 아동의정신 수준을 결정하기 위해 현재 사용할 수 있는 가장 신뢰할 수 있는 방법'으로 잠정적으로 채택했다(Rogers, 1910). 이 채택과 함께, 지능검사는 미국 사회에 견고한 뿌리를 내리게 되었다(Zenderland, 1998).

다음 몇 년간 Goddard는 지능검사를 발전시킨 몇 가지 의미 있는 공헌을 했다. 1911년 그는 미국에서 가장 규모가 큰 75,000명의 학생이 있는 뉴욕 시 교육청에 지능검사를 소개하도록 초청받았다(Zenderland, 1998). 1915년까지 그는 Binet 검사지 22,000부와 답안지 88,000부를 미국 전역에 배부했다(Fancher, 1985). 그는 공립학교 특수교육에 대한 목소리 높은 옹호자였으며, 1911년에는 장애아들을 위한 특수교육 학급을 의무화하는 첫 번째 주 법률을 작성하는 것을 도왔다. 이 법률은 생활연령보다 세 살 뒤지는 수준의 수행을 하는 학생이 10명 이상일 때는 교육청에서 특수 학급을 만들어야 한다는 규정했다. 그렇게 해서 주 법률에서 Binet의 정신연령의 개념이 사실상 인정을 받게 되었다. Goddard는 유죄판결을 받은 범죄자 중에서 지능 점수가 매우 낮은 사람을 처형해서는 안 된다고 주장하는 매우 진보적인 사람이었다(Zenderland, 1998). 이 원리는 2002년 정신지체자로 유죄 판결을 받은 피고인은 처형할 수 없다고 Atkins v. Virginia로 법률로 규정했으며, 이것은 잔혹하고 비정상적인 처벌을 금지하는 미국 연방헌법 수정 8조에서도 금하고 있다.

1917년 Goddard는 미국 심리학회의 채용심리검사위원회(Committee on the Psychological Examination of Recruits)에 가입했다. 이 팀의 일원으로 그는 세계 최초로 두 가지 버전의 집단 지능검사를 개발하는 것을 도왔으며, 그 검사는 미 육군이 지능이 낮은 신병을 확인하고 특수 임무에 적합한 군인을 찾아내어 훈련을 시키기 위해 개발된 것이었다(McGuire, 1994). 1차 세계대전이 끝날 때까지 이 검사는 약 200만 명에게 실시되었다. 이 프로그램 때문에 지능검사에 대한 생각이 많은 사람들에게 알려지게 되었고 미래의 지능 연구자들이 사용할 수 있는 방대한 양의 자료가 수집되었다(Fancher, 1985; Larson, 1994; McGuire, 1994). 그러나 불행하게도 입대를 생각하고 있는 미국의 건강한 젊은 남성들의 지능검사 결과 약 45%가 정신박약자로 확인되었다. 이 놀라운 결과는 그 검사의 진단적 정확성에 대한 의문을 제기하게 되었고 또한 Goddard가 후반에 관점을 변화시킨 계기가 되기도 했다(Goddard, 1927).

Goddard의 논란

지능검사와 특수교육 분야에 많은 중요한 공헌을 했음에도 불구하고 Goddard는 아마도 오랜 활동 기간 중 제기한 논란 때문에 가장 많이 기억될 것이다. 그는 정신박약을 선천적 특성이라고 믿었으며 미국 우생학 운동―미국 인구의 유전적 성질을 사회적 그리고 정치적 방법을 통해 개선시킬 수 있다고 믿는 힘 있고 영향력 있는 사람들로 구성된 집단―에 동참했다(Black, 2003). 우생학자들의 한 가지 특별한 걱정은 정신박약자들이 자식을 낳고 그들의 박약함을 자식에게 전해서 미국의 후세대의 지능이 점점 낮아진다는 것이었다. Goddard는 정신박약자들에 대한 강제적 격리와 불임 수술을 시킬 것을 주장하는 사람들 중 한 사람이었다. 그는 또한 천치, 바보, 멍청이 이민자들이 앨리스 섬 검문소를 통해서 미국으로 들어오는 것을 막기 위한 프로그램 개발에도 중요한 역할을 했다(Fancher, 1985; Gould, 1981; Zenderland, 1998 참조). 이제 Goddard가 남긴 유산 중에서 이런 논란이 되는 측면을 살펴보기로 하자.

Goddard가 바인랜드 학교 학생들을 대상으로 연구를 시작했을 때 그는 정신박약자들과 관련된 심리적 문제와 교육적 문제에 초점을 맞추었다. 그는 교수법에 관심이 있었고, 학생들의 삶을 향상시킬 수 있는 새로운 교수법 개발에 대해 낙관적이었다. 그러나 연구를 해 나가면서 그의 관심사는 정신박약의 생물학적 적용과 사회적 적용으로 확장되었다. 한 동료의 추천으로 그는 Mendel 이론에 대해 읽기 시작했다. 불행하게도 그는 그 개념들을 잘못 이해하고 정신박약을 하나의 열성 유전 형질로 생각하기 시작했다. 그는 지능을 덜 똑똑한 수준에서 더 똑똑한 수준까지 연결되는 연속체가 아니라 지능을 가지고 있거나 지능을 가지고 있지 못한 양자택일의 성질로 생각했다. 그리고 당신은 당신이 가지고 있는 것을 당신의 자녀에게 전달한다고 했다(Goddard, 1912a; Fancher, 1985; Gould, 1981; Zenderland, 1998 또한 참조).

1912년 Goddard는 그가 '결함이 있는 조상'이라고 부르는 문제를 다루는 그의 첫 번째 주요 업적을 출판했다. 캘리캑 가계: 정신박약의 유전에 관한 연구(Goddard, 1912a)는 그의 바인랜드 학생들 중에 8세 때 시설에 보내진 한 여학생의 가족사 기록이다. Goddard는 그녀에게 그리스어 *kallos*(아름다운)과 *kakos*(나쁜)에서 따온 Deborah Kallikak이라는 이름을 만들어 주었다. 이 특이한 성은 Goddard가 그녀의 가계에서 발견했다고 생각하는 선과 악을 동시에 나타낸다. 그는 그녀의 혈통을 6세대 전까지 추적해서 18세기에 그가 Martin Kallikak이라고 이름을 붙여 준 미국 독립전쟁에 참여한 한 젊은 군인과 이름 없는 한 정신박약 소녀가 작은 마을의 술집에서 만났다는 것까지 알아내었다. 이 커플에게서 한 아들이 태어났다. 그의 가족의 *kakos*(나쁜) 가지가 이 연애사건으로부터 시작되어 정신박약자 후손이 계속 태어났다. Martin Kallikak은 후에 좋은 가문 출신의 퀘이커 교도 여성과 결혼하여 그들 사이에 둘째 아들이 태어났다. 이 결혼에서 시작된 *kallos*(아름다운) 가지에서는 사회적으로 그리고 경제적으로 성공적인 후손들이 계속해서 배출되었다.

Goddard는 캘리캑 가계는 완벽한 자연적인 실험이며, 그 결과가 정신박약을 결정하는 유전의 중요성을 보여준다고 믿었다. 그 가계의 완전히 다른 두 가지 측면이 바로 그 다른 유전적 성질에 대한 결론적인 증거로서 두 여자가 가지고 있는 각각 다른 유형의 유전적 자질 때문이라고 믿었다. 그는 그의 방법론에 많은 문제가 있다는 것을 몰랐다. 정신박약의 증거를 가계도에서 찾는 과정에서 그는 낮은 지능을 알코올 중독, 간질, 혼외 자녀를 두는 경향성, 그리고 범죄 행위와 같은 다른 조건들과 구별하지 않았다. 그 밖에 그는 캘리캑의 두 가계 형성에 작용한 환경적인 영향을 무시했다. 그러나 그 책은 전문적인 비판은 거의 받지 않고 과학적인 대단한 혁신이라는 인상을 심어 주고 그를 정신적 결함에 대한 선구적인 전문가로서의 세계적 명성을 얻도록 해 주었다. 또한 그 책은 대중의 폭발적인 인기를 얻고 수십 년간 여러 번 재출판 되었다(Zenderland, 1998). 후세대 학자들은 Goddard의 연구방법과 결론에 대해 훨씬 덜 열정적이었으며, 어떤 학자들은 그가 캘리캑 가계의 '나쁜' 측의 사진을 더 나쁘게 보이도록 하기 위해 사진을 수정했다고 말하기도 했다(Gould, 1981 참조). 그러나 이제는 비전문가 눈에는 '멍청이'도 우리들과 마찬가지로 보인다(그래서 지적 검사가 필요하다)는 Goddard의 신념에도 반대되기 때문에 대부분의 학자들은 이 아이디어를 거부한다(Zenderland, 1998).

Goddard의 권고

Goddard는 정신박약을 치료할 수 없다고 확신했지만 그것을 예방하기 위한 몇 가지 제안을 했다. 한 가지 잠재적인 해결책은 정신박약자들의 비자발적인 불임이었다. 그는 정신박약자는 '일반인에 비해 두 배로 번식하고'(1912a, p. 71) '인류 발전의 수레바퀴가 굴러가지 못하게 막는 더 심한 정신박약아'(1912a, p. 78)를 생산한다고 경고했다. 시간이 지나면 이것은 미국 국가 지능을 현저하게 감소시키는 결과로 나타날 것이다.[4] 의무적인 난소 절제와 거세 방법이 이 점차적인 지능 감소를 막을 수 있을 것이다(1912a, p. 107). 그는 남성에게 있어서 "그 수술 자체는 마치 이를 뽑는 것같이 간단하다. 여성의 경우에도 그 방법이 훨씬 더 심각한 것은 아니다."라고 했다(1912a, p. 108).[5] 유명한 우생학자들이 이미 강제적인 불임을 주장했었기 때문에 Goddard는 그것이 인기가 없는 아이디어라는 것을 알고 다음과 같이 말했다.

이 방법을 대규모로 수행하는 데 있어서는 두 가지 큰 어려움이 있다. 첫 번째는 이 방법에 대한 일반 대중의 강력한 반대다. 이 방법이 인간의 신체를 불구로 만드는 것으로 인식되고 있으며, 따라서 많은 사람들이 강력하게 반대하는 것이다. 그리고 이것에 대한 합리적인 근거가 없지만 그럼에도 불구하고 보통 사람들은 이성이 아니라 감정과 느낌에 따라서 행동하며, 사람들의 감정과 느낌이 이 방법을 거부하는 한 아무리 많은 합리적인 근거도 소용이 없다는 사실을 실천적인 개혁가들은 인식해야만 한다.(Goddard, 1912a, p. 107)

불임에 대한 반대 목소리가 컸기 때문에 Goddard는 인도적으로 식민지화하는 것이 더 현실적인 해결책이라고 생각했다. 그 식민지 속에서 거주자들을 성별에 따라 격리하면 우생학적 목표를 마찬가지로 달성할 수 있다고 생각했다. Goddard의 온정주의적인 관점에서 보면, 격리하는 것은 사회뿐만 아니라 거주자도 보호할 수 있기 때문에 불임보다 더 좋은 방법이었다. 그가 설명했듯이 정신박약 여성이 사회 속에서 방치된 채로 살게 하면 '나쁜 남자나 나쁜 여자의 먹이가 되고… 지적 판단력이 부족한 자신에게 책임은 없겠지만, 위험하고 비도덕적이고 범죄적인 삶을 살아가는'(Goddard, 1912a, p. 12) 운명에 처할 것이다. 식민지에서 안전하게 거주하면 그녀는 다른 사람들을 해치지 않고 다른 사람들도 그녀에게 부당하게 나쁜 영향을 미치거나 해를 주지 않을 것이다.

Goddard의 식민지는 그가 기대한 대로 실현되지 못했지만, 성인을 유치하여 보호하기 위한 대안적인 형식의 실험을 한 기관들이 있다. 그런 실험의 하나로 성인 정신박약자들이 공동체를 만들어서 최신의 농업 기술을 이용하여 토지를 경작하고 가축을 기르는 '농장 식민지'가 있다. Godddard의 바인랜드 학교에 부속된 그 농장 식민지는 러트거스대학교와 연구 협약을 맺었으며, 복숭아 재배와 병아리 기르기와 달걀 생산에서 성공적인 결과를 나타냈다. 여러 영역에서 성공적으로 보였음에도

57

불구하고 그 식민지들은 자립하지 못하고 주정부로부터 상당한 자금의 유입을 필요로 했다(Zenderland, 1998). 오히려 불임에 대한 그의 권고가 더 성공적이었으며, 그 이후로 30개 주가 의무적인 불임 프로그램을 채택했다. 이 불임 프로그램들은 1970년대에 폐지되었다(Hyatt, 1997; Silver, 2003 참조; 비교. Schoen, 2001).

이민 제한

1890년에서 1910년까지 1,200만 이민자들이 신세계로 향하는 배를 탔다. 이민자를 반대하는 미국인들은 대규모로 유입되는 이런 사람들이 "초기 이민자들보다 교육 수준이 낮고, 더 가난하고, 문화적으로 더 '이질적'이다."라고 경고했다(Zenderland, 1998, p. 263). 이런 두려움 때문에 이민 제한에 대한 관심이 부활하게 되었다. 1882년 미국 국회는 '지능이 매우 낮은 사람(idiots)'과 '정신이상자(lunatics)'를 앨리스 섬 검문소를 통과하지 못하게 하는 법률을 통과시켰다. 1903년에는 정신이상자, 간질 환자, 거지, 무정부주의자를 국회가 마찬가지로 금지시켰다. 1907년에는 법률에 바보, 정신박약자, 그리고 신체적 혹은 정신적 결함 때문에 자신을 부양할 수 있는 직업을 구할 수 없는 사람들을 포함시켰다(Zenderland, 1998).

이런 정책들에 대한 비난을 Goddard가 종종 받지만, 몇몇 법률들이 그의 연구보다 꽤 앞서서 있었다는 것을 알 필요가 있다. 1910년에 그는 이민국 관계자로부터 이민 금지를 집행하기 위한 전문가 자문을 요청받았다. 너무나 많은 사람들이 매일 계속적으로 앨리스 섬에 있는 검문소를 통과하기 때문에 이민 제한을 집행하기가 어려웠다. 관리들은 이 문제를 신속하게 해결하기 위하여 인종 간에 나타나는 우열의 차이에서 그 방법을 찾으려는 경향이 있었지만 Goddard는 이 관점에 동의하지 않았다. 그는 미국에서 태어난 아동과 외국에서 태어난 아동을 비교하거나 백인 지능과 유색 인종의 지능을 비교한 연구를 설계한 적이 결코 없다. 그 당시의 많은 사람들과 달리 정신박약 학생들에 대한 논문을 쓸 때 그는 인종, 민족 혹은 종교를 언급하지 않았다.

그럼에도 불구하고 Goddard는 앨리스 섬으로 가기로 동의했다. 그가 1912년에 개발한 절차는 두 단계로 되어 있다. 한 조교가 이민자들이 검문소를 통과할 때 의심되는 정신적 결함을 눈으로 스크린한다. 정신적 결함이 의심되는 사람들은 다른 장소로 옮겨져서 다른 조교가 다양한 수행 검사와 개정판 Binet 척도를 사용하여 검사를 실시하며 이때 종종 통역사가 옆에서 도움을 준다. Goddard는 훈련된 검사관은 정신박약자들을 많이 경험했기 때문에 전문성이 개발되어 있어서 앨리스 섬의 의사들보다 더 정확하게 판단한다고 생각했다. 가장 인상적인 그의 비유 중의 하나는 정신박약자를 찾아내는 과정을 포도주나 차를 시음하는 것에 비유한 것이다(Zenderland, 1998, p. 268).[6]

이 심리검사 프로그램의 결과는 대단히 놀라웠다. 여러 나라 이민자들의 지능 분류(Intelligence Classification of Immigrants of Different Nationalities)(Goddard, 1917)에서 그는 앨리스 섬 이민자들 대부분이 정신적으로 결함이 있다고 주장했다. 예를 들어, 검사를 받은 사람들 중에서 유태인 중 83%, 헝가리인 중 80%,[7] 이탈리아인은 79%, 러시아인은 87%

가 정신박약이었다. Goddard는 미국 출신 학생들을 대상으로 한 연구에서와는 달리 이 연구 결과에 대해서는 환경적인 영향에 더 큰 원인이 있다고 생각하게 되었다. 어떤 이민자들은 "펜이나 연필을 손에 쥐어 본 적이 없다."는 것을 그는 인정했다. 그런데 그들은 왜 기억해서 그림을 그리는 것을 요구하는 검사에서는 높은 점수를 받는가(Goddard, 1917)? 이것을 고려해서 그는 검사를 받은 이민자들 중 75%가 정답을 맞히지 못한 Binet 검사의 문항들을 버리기로 결정했다. 새로운 버전의 검사는 정신박약자로 진단되는 이민자들의 수를 상당히 감소시켰다. 그러나 이 새로운 시스템의 공평성을 인정하면서도 그는 미국에 영향을 미칠 결과에 대해 걱정했다. 환경적인 영향을 받아 생기는 정신박약은 임신을 통해 후세에 전해지지 않지만, 그 새로운 검사의 표준은 미국 땅에서 살아나갈 장래 미국인으로서는 너무 낮아 보였다(Goddard, 1917). 환경적인 영향에 대한 설명에도 불구하고 Goddard의 검사 결과에 따라 추방되는 이민자들의 수는 기하급수적으로 증가했다(Zenderland, 1998).

Goddard의 수정된 관점

1920년대 말에 Goddard는 여러 공개 포럼에서 12세 이하의 정신연령으로 검사 결과가 나온 사람은 누구나 정신박약자라고 생각한 것은 큰 실수라고 인정하고 그의 초기 관점에 대한 많은 부분을 수정했다. 말년에 그는 정신박약자라고 진단했던 사람들 중에서 '오직 소수만' 실제로 정신적 결함이 있다고 믿게 되었다(Goddard, 1928, p. 220). 그의 믿음이 변한 한 가지 이유는 1차 세계대전 이전에 집단 지능검사 개발에 참여한 것이다.

전쟁이 일어나자 징집 군인들에 대한 지능 측정이 필요하게 되었으며, 그 결과 아주 많은 군인들이 정신박약이라고 할 수 있는 12세 이하의 지능을 가지고 있는 것으로 대단히 잘못된 결과가 나타났다. 검사를 받은 1,700,000명의 군인들 중에서 45%가 12세 지능을 얻지 못했다. 1,700,000 명의 남자들이 전체 인구의 정상적인 표본임을 고려하면 이 수치는 미국인 전체에 대해 일반화시킬 수 있다고 결론을 내렸다… 이 사람들이 멍청이들이 아닌 것은 분명하다.(Goddard, 1927, p. 42)

Goddard는 또한 정신박약은 치료할 수 없다고 이전에 말한 것을 철회했다. 그 조건 자체를 되돌릴 수는 없지만 그 증상은 교육을 통해서 완화될 수 있다. 그는 여러 시설에서 정신박약자들이 '훈련을 받고 자립하고 [그들 자신의 일들]을 관리'할 수 있는 증거를 목격했다(Goddard, 1927, p. 44). 그는 이제 그들을 세상에 나아가도록 허락하는 데 더 유연했다. 검사받지 않고 번식을 허락하는 위험은 특히 정신박약자들이 사회의 다른 사람들에게 이로운 점들을 가지고 있기 때문에 완화되었다(Goddard, 1927).

정신박약 문제에 대한 이 새롭고 더 '진보적인' 관점은 21세기 독자들에게 편안하게 받아들여지지 않고 있다. Goddard는 그의 초기 진술에서 결코 멀리 벗어나 용서받을 수 없었다. Goddard가 그의 수정된 관점에 대한 글을 발표하기 시작한 몇 해 후에, 그 자신과 이 세상 사람들에게 가장 절망적인 결과가 나타났다. 그의 책을 독일어로 번역한 *Die Familie Kallikak*이 1914년에 독일에서 출판되었던 것이다. 나치 정부는 그것을 1933년에 재출판하고 선전용으로 쓰기 시작했다. Goddard의 글 그 어디에도 그의 연구가 이런 방식으로 사용될 의도가 있었다는 것은 찾아볼 수 없다. 사실 그는 일관되게 유대인 학자들을 지지하는 많은 활동을 했으며 최소한 한 번은 나치에 반대하기 위해서 그의 명성을 사용했다.

문헌에서 Goddard는 종종 괴물 우생학자로 묘사되지만, 미국 지능 연구와 검사의 탄생과 관련한 모든 중요한 사건들을 주도하거나 참여했다는 것을 인정하는 것이 중요하다(Zenderland, 1998). 그는 지적 장애자들에 대한 연구를 위해 과학 실험실을 처음으로 설립했고, Binet-Simon 지능 척도를 영어로 번역해서 널리 배포했으며, 정상적으로 학습하지 못하는 사람들을 분류하기 위하여 지능검사를 황금 표준으로 채택하도록 그의 동료들을 설득했다. 시대를 훨씬 앞서서, 그는 지능이 낮은 사람들을 체벌하는 것에 반대하는 주장을 했다. 그는 공립학교에 특수교육 학급을 마련할 것을 주장했고, 이 특수교육 학급을 지시하는 주 법률을 제정하는 데 도움을 주었다. 사실 그는 그의 인생을 발달 장애자들을 돕는 데 헌신했다.

하지만 Goddard는 또한 지능에 대한 유전적 입장을 강하게 믿었고, 한동안 Mendel의 유전학에 대하여 거의 대부분 잘못 이해했다. 그는 지적 장애자들을 격리하고 강제적으로 불임할 것을 주장했다. 한때는 정확하게 지능을 측정하려는 노력을 포기하고 포도주나 차를 시음하는 것에 비유하면서 경험을 통해서 한눈에 정신박약자를 찾아내는 능력을 옹호

했다. 그는 지능검사에서 높은 점수를 받는 사람들만 이민자로 받아들이도록 제안했다. 그는 지적 장애자들을 정신적 결함이 있는 사람 혹은 부랑자로 생각했으며, 그들을 (오늘날에는) 모욕적으로 들리는 천치, 바보, 멍청이로 분류했다. 분명히 그는 인종차별주의자(캘리캑 가계의 '나쁜' 쪽은 "미국 독립전쟁 이후 미국에서 줄곧 살아온 백인, 앵글로-색슨 개신교도였다."; Zenderland, 179, p. 124)나 반유대주의자가 아니지만, 그는 분명히 캘리캑 가계의 '나쁜' 쪽이나 앨리스 섬의 정신박약 이민자들과 같은 가난한 노동자 계급 사람들의 삶을 결코 이해하지 못하는 계급차별주의자였다.

하지만 그는 현명하게도 말년에 숙고를 하고 그가 실수했다는 것을 인정했다. 전체적으로 보면 Goddard의 삶은 모순투성이의 표본이다. 그러나 지능 이론과 검사 분야는 좋든 나쁘든 그의 공헌이 없었다면 지금같이 발전할 수 없었을 것이다.

정리

- Goddard는 처음으로 지적 장애자를 연구하기 위해 과학적인 실험실을 설립했다. 그는 또한 Binet-Simon(1908) 지능 척도를 영어로 번역하고 미국에 널리 퍼뜨렸다.
- Goddard는 지능이 낮은 사람들에 대한 체벌에 반대했으며 특수교육 학급을 의무화하는 것을 주 법률로 처음으로 제정하는 데 도움을 주었다.
- Goddard는 지적 장애자들에 대한 격리와 강제적 불임을 주장했으며,

지능이 낮은 사람들이 미국에 이민 오는 것을 제한하는 정부 프로그램에 협조했다.

- Goddard의 업적은 과학자들이 그들의 전문 분야와 관련한 정부 프로그램에 협조하거나 반대하는 것에 대한 책임이 어느 정도 있는가에 대한 질문을 제기한다.

미주

1 Goddard가 서던캘리포니아대학교의 첫 번째 축구 코치라는 사실이 또한 노트르담과 UCLA 대학 팬들을 당혹스럽게 할 수도 있다.

2 부드럽게 말해서.

3 이미 변화가 일어나고 있다. 많은 대학에서 교직과목 중 하나인 특수교육(special education)을 SPED로 부르는데, 인기가 없는 급우를 'speds'라고 부르는 것을 이 책의 공동저자 중 한 사람의 배우자가 운동장에서 들었다고 한다. 이제 몇몇 대학들은 EDSP를 사용한다. SPED보다 EDSP라고 말하기가 어렵기 때문에 놀리는 말로 사용될 확률도 그만큼 적기 때문이다.

4 IQ가 높은 어머니들이 IQ가 낮은 어머니들보다 아이를 더 적게 낳는 경향은 사실 21세기에 확립된 연구 결과다. 소위 말하는 이 열성의 다산은 6장에서 다루어질 플린 효과에 의해 효력이 상쇄되는 것으로 보인다. 더 많은 정보를 위해서는 Lynn과 Harvey(2008)를 참조하시오.

5 맙소사!

6 오늘날까지 지능 평가에 있어서 경험적 검사 이외에 검사자의 경험과

임상적 판단을 사용하도록 하는 것이 가치가 있는가에 대한 논쟁이 있다. 더 관심이 있으면 Silverman(2012)을 참조하시오.

7 마자르 피가 그의 몸에 흐르고 있는 것을 자랑스럽게 생각하는 공동 저자 중 한 명인 Plucker는 Joe Namath, Andy Grove, William Shatner, Drew Barrymore를 예로 들면서 조용히 헝가리 민족의 우수성을 자랑했다.

5

지능은 하나인가
혹은 여러 개인가?

지금까지 지능 연구의 초기 역사에 대해 주로 살펴보았다. 1장에서는 Spearman과 함께 Cattell, Binet, Goddard의 연구에 대해 간략하게 언급했다. 이 장에서는 아마도 심리학에 가장 큰 영향력을 미친 Spearman의 연구에 대해 어느 정도 깊이 있게 설명할 것이다. 그다음에는 20세기부터 대략 오늘날까지 심리학자들이 지능에 대한 그들의 관점을 어떻게 개발하고 발전시켰는지 보여줄 것이다.

이 장에서는 지능이 하나인가 혹은 여러 개인가에 대한 논쟁에 대부분 초점을 맞춘다. 이 논쟁은 사소하게 보일지 모르지만, Tyler(1969, p. v)가 지적하듯이 "지능이 단일 특성인가 아니면 특별한 유형의 사고를 위해 필요한 서로 연결되어 있으면서 독립적으로 발달된 적성들의 조합에 대한 하나의 이름일 뿐인가 하는 질문은… 사소한 것이 아니다. 이것을 어떻게 생각하는가에 따라 학교 정책, 취업과 실업, 정치적 평등의 의미와 같은 많은 다른 것들의 결정에 영향을 미칠 것이다." 다시 말해서 지능의 '단일 대 다중' 문제에 대답하지 않고는 "이 사람은 재능이 있는가?" 혹은 "이 작품은 질이 높은가?"와 같은 일상적인 질문에 대답하기가 어렵다. 이것은 교육, 산업, 법, 사회적 정의, 그 외 광범위한 다양한 영역에 대한 기본적인 질문이다.

Spearman과 *g*

이제 약 100년 조금 넘은 시간으로 거슬러 여행을 가서 영국 심리학자 Charles Spearman의 이야기로 논의를 시작하자. 그는 심리학에 나이가 들어서 등장했다. 그는 비교적 늦은 나이인 30대에 Wundt의 유명한 심리 실험실에서 연구를 시작했다(그의 자서전 [1930] 강력 추천함). 그렇지만 그는 곧 유명한 심리학자가 되었는데 자신의 아이디어를 지지하기 위하여 통계적 증거를 사용한 것이 가장 큰 이유다. 그는 '첫 번째 체계적인 심리측정학자'로 불렸으며 전통적인 검사 이론의 아버지로 간주된다(Jensen, 1994).

여기에서는 그가 독일에서 박사 과정을 공부하고 있던 1904년에 출판된 세미나 보고서인 '객관적으로 판단되고 측정된 '일반지능'('General Intelligence' Objectively Determined and Measured)'으로 시작해서 그의 연구에 초점을 맞출 것이다. [1] 지능 역사에서 이 보고서는 너무나 큰 뚜렷한 영향을 미쳤기 때문에 우리가 '위대한 학파의 영향력'이라고 이름 붙인 역사적 시대의 문을 이 보고서에서부터 열었다.

20세기가 시작되면서 Cattell, Wissler, 그 외 사람들의 인체측정학적 연구를 둘러싼 논쟁이 일어나기 시작한 가운데 Spearman(1904)은 지능 이론에 대한 매우 다른 접근을 제안했다.

'지능'을 추정하는 복잡한 문제에 관련한 기본 원리는 어떤 정신 활동이 가장 큰 타당성을 가질 것인가에 대한 그 어떤 선험적인 가정도 하지 않는 것이다. 잠정적으로, 어쨌든 그 목표는 서로 간에 관련이 있거나 다른 기능과 관련이 있다고 타당하게 보이는 주장을 하는 모든 다양한 능력을 경험적으로 조사하는 것이다.(Spearman, 1904, pp. 249-250)

다시 말해서 지능을 우선 정의하고 그다음에 지능을 찾기보다 왜 지능을 묘사하기 위해 사용될 수 있는 모든 능력을 우선 생각하고, 그 후에 그 능력을 측정할 수 있는 좋은 도구를 만들어서 측정하고, 그 능력이 어떻게 연관되어 있는지 결정하기 위해 통계를 활용하지 않는가 하는 것이다. 이것은 마치 의미론적인 문제같이 들리겠지만, Spearman의 접근은 실제로 심리학자들이 지능의 구성개념을 연구하는 방법에 획기적인 변화를 가져다주었다.

Horn과 McArdle(2007)은 더 나아가 Spearman은 그의 선배들이 한 것보다 더 과학적인 접근을 사용했다고 보았다.

Spearman의 이론은… 만일 그 이론이 옳다면 어떤 가능한 실험 결과가 나올 것인가, 그리고 이것과 마찬가지로 중요한, 만일 그 이론이 옳지 않다면 어떤 결과가 나올 것인가를 기술했다. 즉 지능이 그 무엇이든 관계없이 지능을 먼저 확인한 후에 그것을 지능이 아닌 것과 구별해 내자는 것이다. Spearman의 이론은 따라서 날개짓하고 있는 심리학 분야가 사람들에게 인간 지능이라는 용어를 사용하여 부르는 것을 기술하기 위한 과학적인 연구 방향을 제시해 주었다.(Horn & McArdle, 2007, p. 206, 고딕체는 원본에 있는 대로 표시한 것임)

Spearman은 대부분 그가 처음으로 개발한 더 발전된 통계방법과 심리측정 기술을 사용하여 Galton과 그 외 학자들의 연구 결과를 재분석했다. Spearman은 특히 Galton, Cattell, Wissler의 연구에서 여러 가지 통계적인 제한점과 방법적인 제한점을 발견했다. 앞에서 언급했듯이 Galton의 심리검사와 Cattell의 심리검사 간에 통계적으로 유의미한 상관이 없었으며, 그 검사들이 광범위한 능력을 측정하고 있는 것을 의미했다. 하지만 Spearman은 이것은 우선적으로 신뢰도 문제와 범위의 제한 때문이라는 것을 보여줄 수 있었으며, 이 문제들을 통계적으로 처리할 때 초기 연구자들의 연구 결과와 매우 다른 결과를 얻을 수 있었다.

사실 그는 모든 심리검사에서 측정된 모든 변인들 간에 정적 상관이 있는 것을 발견했을 뿐만 아니라 그 점수들이 다른 심리검사의 점수들과도 상관이 있는 것을 발견했다. 그는 모든 심리검사 간의 상관을 설명해 주는 공통적인 변산원을 보여줄 수 있었으며, 그것을 지능의 일반 요인 혹은 g라고 불렀다. 더 자세하게 설명하면 그는 대부분의 심리 측정치가 공유하는 일반 요인(g)이 있고 또한 각 측정치가 가지고 있는 특수 요인(s)이 있다고 믿었다. 따라서 비록 이 이론에서 가장 중요한 것은 한 가지 일반적인 지적 요인이 있다는 것이지만, 그의 이론을 2요인 이론(two-factor theory)이라고 한다.

이 연구 결과는 하나의 은유적인 본질(metaphorical entity)에서 지적 행동이 일어난다는 아이디어에 활기를 되찾아 주었으며 인간 지능에 대한 현재의 많은 이론의 기반을 형성한다(더 많은 배경에 대해서는 Jensen, 1994, 1998 참조). 그 후 몇십 년 동안 Spearman(1923; Spearman &

Jones, 1950)과 수백 명의 다른 연구자들(수천 명은 아니라고 해도!)은 주로 g의 존재와 중요성을 지지하는 연구를 했다. Jensen(1998)은 생물학적 특성(신체 크기, 뇌 크기, 근시, 뇌 활동), 인지적 행동(반응 시간, 기억, 학습 능력), 성취(학업 성취, 직업 수행), 그리고 중요한 사회적 성과(범죄, 이혼, 수명)를 포함하는 g와 관련된 것들에 대한 전반적인 연구를 발표했다. 사실 Sternberg와 Kaufman(2012)은 최근의 지능 연구에서 g와 연관된 요인들에 대한 연구가 감소하고 있는 것은 아마도 g와 광범위한 인간 행동 간의 관계가 이미 잘 정리되어 있기 때문이라고 결론을 내렸다.

하지만 Spearman의 연구가 그의 생전에나(예 : Burt, 1909; Thomson, 1939) 최근에도(개관에 대한 Horn & McArdler, 2007 참조) 심한 비판을 받지 않았다는 것은 아니다. 예를 들자면, Hernstein과 Marry가 1994년에 발표하여 논쟁을 불러일으킨 종곡선(The Bell Curve)을 언급하지 않을 수가 없다. 그 책은 g를 지지하고 적용했기 때문에 커다란 논쟁을 일으켰으며 그 책이 발표되었던 시기에 다중 지능 이론들(아래에서 기술됨)이 지배적이던 것도 부분적인 이유가 된다. 적어도 (Galton이 당시에 받았던 만큼의 인기는 아니라 해도) 그 저자들이 당시의 흐름 속에서 그렇게 적극적으로 거슬러 헤엄친 노력에 대해서는 우리가 인정해야 할 것이다. 단일 이론이나 심리측정 접근을 비판하던 학자들은 일반적으로 그 책에 반대했지만, 그 책의 인간 능력에 대한 단일 심리 측정 접근과 결론을 지지하는 연구자들도 많았다(그렇지만 이 지지자들 중에서도 우생학적인 성격으로 비춰지는 사회적 적용에 대한 내용에 대해서는 거리를 두는 사람들이 많았다). 이 책이 수개월 동안 미국인들 사이에서 뜨거운 논쟁거리가 되었다는 것은 많은 심리학자들이 여전히 단일 심리 측정 지능 이론을 지지한다는 것을 보여주는 증거를 제공했다(Gottfredson, 1997; Gottfredson et al., 1994 참조).

Thurstone의 기본 정신 능력 이론

미국 심리학자 L. L. Thurstone은 1차 세계대전 직후부터 죽을 때까지 매우 활발하게 활동했다. Thurstone은 인간의 문제해결에 관심이 있었으며, 매우 유능한 통계학자이면서 심리측정학자였다(그가 노스캐롤라이나대학교에 처음으로 만든 심리 측정 실험실에 그의 이름이 붙여졌다). 그는 또한 인간 지능에 관심을 갖게 되었으며, 초기에 출판한 한 권은 주로 개념적인 내용이지만(Thurstone, 1924/1973), 후기의 실증적인 연구를 수행하여 단어 유창성, 어휘 이해, 공간 지각, 수 능력, 연합 기억, 추리, 지각 속도로 구성되어 있는 기본 정신 능력(primary mental abilities, PMA) 이론을 제안했다(Thurstone, 1938).

그의 자서전에서 Thurstone(1952)은 지능에 대한 그의 관심과 접근은 Spearman 연구에 대한 반응이라고 기술했다.

지난 25년간 Spearman의 단일 요인 접근에 대한 논쟁이 있었다. …수십 년에 걸친 논쟁을 통하여 Spearman의 일반 요인이 지배적이었고 솔직히 'g의 방해꾼'이라고 불리던 집단 요인과 특수 요인에 대한 관심은 2차적이었다. …다요인 분석의 본질은 다른 방식으로 기본적인 질문을 하는 데 있다. 여러 변인들에 대한 경험적으로 얻은 상관계수표를 가지고 분석을 시작하면서, 우리는 그것이 어떤 하나의 일반 요인을 지지하는가 혹은 지지하지 않는가를 묻지 않았다. 대신에 우리는 관찰된 상관을 설명하기 위하여 얼마나 많은 요인이 필요한가라는 질문을 했다. 처음 분석을 시작할 때 우리는 매우 솔직하게 바로 몇 개의 요인을 가정해야만 하는가 하는 문제에 직면했으며, 이 요인 중 하나를 일반 요인으로 보아야 하는지 아닌지 각 요인에 대하여 질문해 보아야만 했다.(p. 314)[2]

Thurstone은 *g*는 *g*를 연구하기 위한 과정에서 나온 통계학적인 인위적 결과물이며 그것은 여러 가지 특수한 지능들로 쓸모없게 평균을 낸 것이라고 주장했다(미래의 교육적 중재나 직업적인 중재를 위해서도 거의 도움이 되지 않는다; Thurstone, 1936 참조). Thurstone(1946)은 요인 분석을 위해 그가 개발한 다른 접근을 사용하여 지적 행동은 하나의 요인이 아니라 여러 가지 요인들로부터 나온다는 증거를 찾아냈다. 다중 요인 간의 상관을 분석하면 여러 고순위 요인이 나오며, 그것들 중에는 *g*도 포함되어 있다(어떤 사람이 주장했던 *g*만 나오는 것이 아니다). Thurstone(1952)은 말년이 가까웠을 때 다음과 같이 주장했다.

기본 요인들의 상관은 검사들 간의 상관과 마찬가지로 요인 분석을 할 수 있다. 그렇게 하면 몇 가지 2순위 요인들이 나온다. 이것들 중 하나는 Spearman의 일반 지능 요인 *g*와 매우 비슷한 것으로 보인다. 비평가들은 우리 연구가 Spearman의 *g*를 지지하는 것은 언급하면서 복잡한 정신 구조를 파헤치는 데 최소한의 기여를 했다는 사실은 무시하고 있다.(p. 316)

Wechsler의 평가 접근

David Wechsler의 공헌에 대해서는 다른 곳(예 : Kaufman, 2009)에서 더 깊이 있게 다루고 있으며, 지능 이론보다는 지능검사와 관련하여 논의하는 것이 더 적절하다.[3] 그는 기본적으로 심리 측정 모델에서 나온 지능의 2요인설을 제안했기 때문에 여기에서는 간략하게 언급하기로 한다. 만일 당신이 20세기 후반에 지능검사를 받았다면, 개인적으로 Wechsler의 연구에 익숙할 가능성이 높다.

Wechsler는 널리 보급된 지능검사의 개발자로 가장 유명하며 대표적인 것으로는 아동용 웩슬러 지능 척도(Wechsler, 1949)와 성인용 웩슬러 지능 척도(Wechsler, 1939)가 있으며 이 검사들의 개정판은 지금도 인기를 얻고 있다. Wechsler는 1차 세계대전 중에 미 육군 검사 팀에 참여하여 Henry Goddard와 Lewis Terman과 같은 지도자적인 학자들과 일했다. 그 후 전쟁이 끝날 때쯤 영국에서 그는 Spearman 그리고 Pearson과 함께 일했다.

Wechsler는 마침내 Spearman의 일반 지능 이론은 범위가 너무 좁다는 결론을 내렸다. Spearman과 달리 Wechsler(1940)는 지능을 원인이라기보다 결과로 보았으며 성격과 같은 비지능적인 요인들이 개인의 지능 발달에 영향을 미친다고 주장했다. 이 '원인 대 결과' 이슈가 Wechsler를 당시의 많은 유명한 지능 학자들과 차별화시킨다. "지능은 목적적으로 행동하고, 합리적으로 사고하고, 환경에 효과적으로 대처하는 개인의 총체적인 능력이다."라는 그의 개인적인 정의는 더 광범위한 관점을 반영한다(Edwards, 1994; Wechsler, 1940, p. 3). 미 육군 알파 검사와 베타 검사를 모방하여 Wechsler 검사는 일반적으로 동작성 검사와 언어성 검사라는 두 종류의 검사로 구성되어 있다. 어떤 학자들은 두 가지 다른 유형의 능력을 측정하기 위해서 이렇게 지능을 두 가지로 구분해서 보는 것에 대해 비판했으며, 그것은 Wechsler가 의도한 것도 아니었다. 하지만 그의 지능검사가 널리 사용됨에 따라 동작성과 언어성으로 구분하는 것은 심리학자들과 교육자들의 지능에 대한 관점에 상당한 영향을 미쳤다 (Naglieri & Ford 참조, 출판 중).

CH 이론(C 이론이라고도 함)[4]

1941년 Raymond Cattell(James McKeen Cattell과는 관계가 없음)은 한 중요한 심리학 학술대회에서 지난 수십 년간에 걸친 지능 연구와 이론에 대한 평가를 발표했다. "전쟁 때문에 성인 지능검사가 재조명을 받게 되었지만, 심리학자들이 일반적으로 동의하는 만족할 만한 이론적 기반은 1917년 검사 이후로 거의 성장하지 않았다."라고 그는 말했다(1941, p 592). 비록 그가 논의했던 내용이 후대에 많이 사라졌지만(논문 요약 부분만 후에 출판되었다), 그는 그 당시에 Binet의 영향을 받은 검사와 인기 있던 단일 지능 이론에 반대하는 몇 가지 이유를 집중적으로 논의한 것으로 보인다. 일반적으로 그때까지 대부분의 지능검사가 아동 중심이었고 그런 검사를 사용하여 연구한 이론 또한 아동 중심이었기 때문에 그런 검사와 이론을 성인에게 적용하는 것은 부적절하다고 판단했다. 이 출판되지 않은 그의 주장이 거의 75년 동안 대단한 영향력을 미치고 있는 한 계통의 이론과 연구를 성장시켰다.

Cattell은 단독으로(예 : 1941, 1963, 1967, 1971, 1987) 그리고 John Horn과 함께(Horn & Cattell, 1966a, 1966b, 1967) 쓴 여러 논문과 책에서 2요인 지능 이론을 개발했다. 이 모델은 유동성 지능(*Gf*)와 결정성 지능(*Gc*)으로 구성되어 있다. 유동성 지능은 빠르게 생각하고 행동하는 능력, 새로운 문제를 해결하는 능력, 그리고 단기 기억을 부호화하는 능력을 포함하고 있다. 결정성 지능은 한 문화의 지식과 그 지식을 사용하여 문제를 해결하는 능력, 언어(어휘) 사용, 다양하게 획득한 기술을 포함하는 개인적으로 축적한 지능의 폭과 깊이다. Horn은 이 이론에 대한 많은 독창적인 보고서를 발표했으며(1967, 1968), 오늘날 이 이론적인 접근을 종종 Cattell-Horn 이론이라고 부른다.

유동성 지능은 교육이나 문화접변(acculturation)과는 비교적 독립적이지만 생리적인 영향을 받기 쉽다. 결정성 지능은 성격, 동기, 도움이 되는 교육적 그리고 문화적 기회와 함께, 학습과 문화접변으로부터 나온다.

Cattell이 이 이론을 개발한 한 가지 이유는 다른 모델들이 인간의 생애발달을 고려하지 않았기 때문이라는 점을 생각하면, 그가 유동성 지능과 결정성 지능에 대한 많은 종단적 연구와 횡단적 연구를 수행한 것은 놀라운 일이 아니다. 이 연구들은 일반적으로 유동성 지능은 성인 초기에 정점에 오르고 그 이후로는 아마도 복잡한 문제를 해결하기 위한 인지 능력이 부족해지기 때문에 천천히 감소한다는 증거를 제공한다(Horn, Donaldson, & Engstrom, 1981). 반대로 결정성 지능은 성인기에도 안정적이거나 증가하는 것으로 보인다(Hertzog & Schaie,

1986; Horn, 1970, 1998; Horn & Cattell, 1967; Horn & Donaldson, 1976; McArdle, Hamagami, Meredith, & Bradway, 2000 참조). 하지만 McArdle, Ferrer-Caja, Hamagami와 Woodcock(2002)은 조금 다른 결과를 발견했다. *Gf*와 *Gc* 모두 성인 초기에 정점에 오른 후에 감소하는 것은 마찬가지지만 *Gf*는 정점에 오르기 전에 더 심하게 증가 속도가 느려지고 정점에 오른 후에는 더 심하게 감소 속도가 빨라진다.

가장 최근에 Horn이 Hiromi Masanaga와 함께 한 연구는 성인기에 사람들은 전문 영역에 그들의 능력을 집중시킨다고 한다. 따라서 유동성 능력의 사용과 저장은 감소하지만, 그 전문 영역에서 많은 양의 정보를 즉각적으로 기억하고 사용할 수 있게 해 줄 수 있는 일종의 폭넓은 기억을 만든다. 처음 이것을 알아낸 사람은 Ericsson과 Kintsch(1995)이지만, Masanaga와 Horn은 그것을 확장한 *Gf-Gc* 이론의 일부로 만들었다. 또한 중요한 것은 성인의 전문적 추리력이다. 전문적 추리력은 우리 문화 속에서 책임이 따르는 중요한 지위에 있는 성인 전문가가 일반적인 유동성 추리력에 의존하는 사람보다 더 높은 수준의 추리를 할 수 있도록 해준다. 그 이론의 이 부분이 산업과 정치뿐만 아니라 테크놀러지를 포함한 우리 문화의 여러 영역에서 왜 40대 이상에서 60대, 70대 인물이 중요한 역할을 하고 있는지를 가장 잘 설명한다. 심리학자 Paul Baltes는 이 아이디어를 '보상을 통한 선택적 최적화' 인간발달 이론에 통합시켰다. 사람은 연령이 증가하면서 결정성 능력을 최적화시키거나 결정성 지능을 사용하여 연령과 관련되는 유동성 지능의 감소를 보상하는 것을 학습할 수 있다. 예를 들면, 나이가 들어가는 체스 고수는 속도 게임에서는 그가 더 이상 최고가 아니라는 것을 생각할 수 있다. 그는 다른 선배 노인들하고만 속도 체스 게임을 하거나 혹은 전통적인 체스에만 집중함으로써 선택적으로 최적화하는 것을 선택할 수 있었다. 그 체스 고수는 이 영역에서 전문성(결정성 능력)을 가지고 있기 때문에 유동성 지능이 더 높을지는 몰라도 경험이 덜한 선수와 대항할 때 이길 수 있다(Baltes & Carstensen, 1996).

John Carroll도 이와 비슷한 관점을 가지고 있었다. 그는 인간의 인지 능력(Human Cognitive Abilities)(1993)에서 Thurstone, Guilford, Horn과 Cattell, 그리고 Wechsler의 이론을 더 깊이 연구하기 위해 수백 개의 연구들에서 얻은 데이터를 분석했다(Carroll, 1997). 분석 결과를 기초로 해서 그는 3층 지능 모델을 제안했다. 1층에는 양적 추리, 언어 이해, 기억폭, 소리 형태 기억, 지각 속도, 그리고 간단한 반응 속도와 같은 많은 '좁은' 능력이 포함된다. 1층에 있는 이 능력은 유동성 지능, 결정성 지능, 일반 기억과 학습, 넓은 시·지각, 넓은 청·지각, 넓은 인출 능력, 넓은 인지 속도, 그리고 처리 속도를 포함하는 8개의 넓은 영역에 포함되어 2층을 구성한다. 3층은 g와 비슷한 일반 요인이다.

Carroll(1997)은 그의 모델은 이전 모델에 비해 많은 장점이 있다고 주장했다. 그의 모델은 '전통적 패러다임에서 자주 무시되었던 여러 유형의 능력에 주목하게 하고' 그리고 '개인의 능력 수준 프로파일이 이전에 생각했던 것보다 훨씬 더 복잡하다는 것을 시사하며' 인간의 인지 능력의 복잡한 조직을 이해하기 위한 전체적인 틀을 제공한다고 말했다(p. 128). Bickley, Keith와 Wolfle(1995)의 연구에서 Carroll의 3층 모델이 반복적으로 검증되었으며 개인의 전 생애에 걸쳐서 그 능력이 비교적 안정적이라는 것을 발견했다.

인기 있는 지능검사의 결과에 대하여 Gf-Gc 이론이 설명을 더 잘하는가 혹은 3층 이론이 설명을 더 잘하는가에 대한 논쟁이 있었다(예 : Cole & Randall, 2003). 이런 논쟁이 있었던 이유 중 하나는 전체를 포함하는 한 요인의 존재에 대하여 Horn과 Carroll의 의견에 꽤 날카로운 차이가 있었기 때문이다.[5] 하지만 이 논쟁은 McGrew(1997)가 3층 이론과 Gf-Gc 이론을 통합함으로써 사라졌다(그 후로 Cattell-Horn-Carroll 혹은 CHC 이론이라고 한다). 그는 CHC 접근 간의 큰 차이가 넓은 2층 요인에 있는 것을 확인했다 — 유동성 지능/추리력, 양적 추리/지식, 결정성 지능/지식, 단기 기억, 시각 지능/처리, 청각 지능/처리, 장기 연합 저장과 인출, 인지적 처리 속도, 결정/반응 시간 혹은 속도, 그리고 읽기/쓰기. CHC 이론은 인지적 평가의 사용을 강조하기 때문에 특히 학교심리학 분야에 큰 영향을 주었으며, CHC 이론은 후속 연구에서 큰 지지를 받고 있다(Keith & Reynolds, 2010; Taub & McGrew, 2004; Willis, Dumont, & Kaufman, 2011 참조).

이제 완전히 다른 무엇을 찾아보자

이 장에서 지금까지 그리고 이 책의 처음부터 여기까지 소개한 이론들은 검사도구에서 나온 것이거나 검사도구의 영향을 받은 것들이다. 1980년대 초에 지능을 어떻게 볼 것인가에 대한 커다란 변화가 일어났다. 이 새로운 관점에서의 주요한 주제는 검사를 위한 중심적인 역할보다는 튼튼한 이론적인 기초를 중심으로 하고 있다. 이것은 검사가 이 새로운 접근들과 관련성이 없다거나 초기 이론들이 개념적으로 약하다는 것을 말하는 것이 아니다. 그러나 앞으로 설명하겠지만 새로운 이론들은 초기 이론들과는 상당히 다른 느낌을 가지고 있다.

다중 지능 이론

유명한 발달심리학자인 Howard Gardner는 이전의 많은 심리학자들과 비교하면 매우 다른 관점에서 그의 이론을 개발하게 되었다. "지능 연구에 대한 나의 접근은 유일한 것이라고 말할 수 없을지 모르지만 검사의 중요성과 검사 점수들 간 상관의 중요성을 최소화했다는 점에서 일반적이지는 않다. 오히려 나는 한 가지 정의와 준거들에서 출발했다"(Gardner, 1999, p. 113). 1970년대 후반에 시작된 큰 협동 프로젝트의 한 부분으로 Gardner는 인간의 잠재력을 연구했으며, 1983년에 유명한 마음의 틀(Frames of Mind)을 출판했으며, 그 책은 1993년과 2003년에 각각 신판으로 다시 나왔다.

Gardner는 지능을 '어떤 문화적 배경 속에서 가치가 있다고 판단되는 문제를 해결하거나 산출물을 만들어 내는 능력'이라고 정의한다(1999, p. 113). 그는 마음의 틀 4장에서 모든 준거가 완벽하게 들어맞는 것은 아마 비현실적일 것이라는 말을 덧붙이면서 그의 지능 모델의 몇 가지 준거를 제시하고 있다. 첫째 준거는 뇌의 특정한 부분에 손상을 입게 되면 종종 어떤 특정한 인지 영역에만 제한적으로 심각한 결함이 나타난다는 것이다. 둘째, 백치천재나 신동과 같이 매우 예외적이고 불균형적인 능력 프로파일을 가지고 있는 사람들이 존재한다는 것이다. 셋째, 특별한 지능에 대응하는 핵심적인 정보처리 메카니즘이 있다는 것이다. 넷째, 어떤 주어진 영역에서 초보자와 전문가를 구분할 수 있는 '최종 상태'와 그에 도달하는 특별한 경로가 있다는 것이다. 다섯째, 어떤 특별한 지능이 오랜 시간에 걸쳐서 인간에게서 발달했거나 더 수준이 낮은 생물체에서는 지금도 볼 수 있다고 설명하는 진화 역사이다. 그 외에 실증적 증거, 심리측정학적 증거, 그리고 상징체계에서의 부호화가 근거가 된다 (예 : 언어, 수학, 음악 기보법과 같이 의사소통하는 개념에 도움이 되는 문화적으로 필요에 의해 만들어진 상징들).[6]

이 접근은 Galton, Goddard, Spearman의 접근들과 큰 대조를 보이면서, 또한 데이터를 조사하기 전에 준거를 내놓는 Thurstone 같은 사람들의 접근과도 상당히 다르다. 다중 지능(MI) 이론이 대부분의 이전 이론과는 매우 다른 곳에서 얻은 아이디어를 가지고 지능을 개념화했다는 결정적인 증거는 마음의 틀의 미주만 훑어봐도 알 수 있다. 예를 들면, Galton, Spearman, Thurstone과 같이 누구나 생각할 수 있는 사람들의 연구뿐만 아니라 철학자, 인간과 동물 모두를 연구하는 인지과학자, 커뮤니케이션 연구자, 수학자, 언어학자, 연기 교사, 음악가, 그 외에 '의외의 사람들'까지 주석에 포함되어 있다.[7]

이 지점에서 이 연구가 수행되고 있던 역사적 상황을 다시 한 번 고려하는 것이 중요하다. 인지와 학습의 상황적 성질 —학습과 같은 과정은 특수한 사회적·문화적·물리적 상황 속에서 일어난다는 사실 —이 과거에 비해서 사회과학 연구에서 더 많은 관심을 받고 있었으며, 예술성 발달과 충격적인 뇌 손상 등의 주제와 관련한 연구에서의 선구자로서 Gardner는 이런 상황적인 관점을 인간의 능력과 지능에 대한 그의 연구에 자연스럽게 접목했다.

처음에 Gardner가 제안한 7개 지능은 언어, 논리−수학, 공간, 신체−운동, 음악, 개인 간, 그리고 개인 내 지능이다. 언어 지능은 읽기, 쓰기, 그리고 말하기 능력이다. 논리−수학 지능은 수학적 그리고 과학적 문제해결뿐만 아니라 논리적 사고(예 : 체스 전략, 연역적 추리)를 포함한다. 공간 지능은 낯선 거리에서 길을 찾을 때나 건축가가 시각적으로 건물을 설계할 때 나타난다. 음악 지능은 음악가가 선율을 귀로 듣고서 바로 연주할 수 있거나 매우 섬세하고 우아하게 연주할 수 있는 능력이다. 신체−운동 지능은 복잡한 외과 수술, 연속적인 춤 동작, 혹은 플라이 볼 잡기와 같이 신체를 사용하여 문제를 해결하는 데 필요한 지능이다. 개인 간 지능은 사회적 기술, 공감, 그리고 직관적으로 다른 사람에게 동기를 부여할 수 있는 능력이다. 개인 내 지능은 자기 이해를 할 수 있게 해 주는 자신을 향한 능력이다.

Gardner는 논리−수학 지능과 언어 지능이 전통적인 인간 지능 모델에서 지나치게 강조되어 있으며, 그 주된 이유는 문화적인 필요성 때문이라고 주장하면서, 살아가는 환경이 변하면 지능의 우선순위도 변한다고 했다(Gardner, 1993). 이 가설은 Diamond(1999)와 같은 학자들의 연구에 반영되어 있는 것으로 보인다.

일곱 가지 지능을 제안한 후에 Gardner는 자연주의 지능과 실존 지능을 두 후보로 내세우는 한편 영적 지능에 대한 생각은 거의 버렸다

(Gardner, 1999, 2006). 자연주의 지능이 높은 사람은 자연 속에서 패턴을 찾고 분류하는 능력을 가지고 있으며 어릴 때부터 자연 세계에 대한 비상한 관심을 나타내는 경우가 많다. 높은 실존 지능을 가지고 있는 사람은 대부분의 사람들보다 삶과 죽음의 의미와 같은 인간 존재에 대한 '궁극적인' 관심사나 넓고 허한 우주 속에서의 수수께끼 같은 한 개인의 존재에 대한 이해를 잘한다. Gardner는 이 마지막 유형의 지능을 매우 조심스럽게 제안했는데 그것들은 제한적이지만 원래의 7개 지능과 마찬가지로 실증적인 준거를 충족시키는 증거를 수집할 수 있었다. 그는 또한 몇 해 동안 신중하게 영적 지능을 고려해 보았다. 하지만 영적 지능은 그 모델에 포함시킬 수 있을 정도로 그 준거를 충족시키지는 못한다고 판단한 것으로 보인다.

Gardner의 연구는 특히 교육계에서 좋은 반응을 얻었다. 이 책의 첫 번째 저자인 Plucker는 1990년대 초에 미국의 한 최고 수준의 건축 대학교에서 한 교수를 만났을 때 Plucker가 지능에 대한 관심을 표현하자 그 교수와 함께 MI 이론을 건축학 그리고 건축가 훈련에 적용하는 것에 대한 긴 대화를 나눌 수 있었던 일을 기억한다(물론 대부분 그 교수가 이야기했다!). MI 이론의 대표적인 매력은 많은 사람들, 특히 교사들이 인간에 대해 믿고 싶어 하는 것을 형식화했다는 것이다. 즉 우리 모두는 각각 독특하고 하나 이상의 특수한 영역에서 뛰어난 잠재력을 가지고 있다. MI 이론에 대한 이런 일반적인 해석을 Gardner가 반드시 모두 동의하지는 않는다고 우리는 조심스럽게 지적한다. 하지만 우리 경험으로 보면 MI 이론은 많은 경우에 이렇게 이해되고 있다.

MI 이론은 과거 이론들과는 너무나 다른 접근이었기 때문에 그만큼 신랄한 비판을 받았다. 이런 것들 중에는 앞에서 언급한 심리 측정적 접근을 지지하는 기준에 비추어 나온 비판이 있다. MI 이론의 어떤 지능은 평가하기가 어렵고, 전통적인 평가 방법으로는 MI 이론을 지지하지 못하는 결과가 나오는 방법론적인 문제도 있다. 예를 들어, Almeida 외(2010), Castejon, Perez와 Gilar(2010), 그리고 Visser, Ashton과 Vernon(2006)의 연구 결과에서 나타나듯이 최근에 실시된 그 지능들에 대한 평가에서 일치하지 않는 결과가 나왔다. 어떤 비평가들은 그 지능들은 재능이나 능력으로 개념화하는 것이 더 좋다는 제안을 했다. Jensen(1998)은 여러 곳에서 여덟 가지 기준이 너무 애매하거나 '유연'하다고 비판하고 최근에 이야기되고 있는 지능들 중 많은 것들이 실험 상황과 심리 측정 상황에서 g와 충분히 구분되지 않는다고 했다(p. 129).

Gardner가 많은 기회를 통하여 공개적으로 그의 비판에 대한 대응을 한 것은 칭찬할 만한 일지만(예 : Gardner, 1995, 2006 참조), 결론적으로 말하면 전통적인 심리측정학의 팬들은 MI 이론을 심각하게 부족한 점이 많다고 생각하고, 반면에 문화를 중요하게 생각하는 상황적 발달 이론의 팬들은 MI 이론을 훌륭하다고 생각하는 것으로 결론 내릴 수 있을 것 같다.

그 이론이 교육자들이 가지고 있는 지능과 영재성에 대한 개념을 변화시키고 학생들의 명석함과 재능을 판단할 때 그 가능성의 범위를 확장하는 데 매우 큰 영향을 미쳤다는 것을 증명하는 일화들이 많다. 비록 그 이론을 교육 환경과 중재에 적용하는 데는 어려움이 없지는 않지만

(예 : Gardner, 1995; Plucker, 2000; Plucker, Callahan, & Tomchin, 1996; Pyryt, 2000), Gardner는 지능과 지능 모델이 어떻게 정의될 수 있고, 그리고 어떻게 정의되어야 하는가에 대하여 다르게 이야기할 수 있도록 공헌했으며 인정받아야 한다.

지능의 3원론

Gardner가 지능에 대한 연구를 시작할 즈음에 Robert Sternberg도 그의 지능 이론 연구를 시작했다. 인지와 정보처리 연구에 더 뿌리 깊은 배경을 가지고 있는 Sternberg(2011a)는 그의 한 자서전적인 글에서 지능에 대한 관심을 평생 가지고 있었다고 했지만, 그를 유명하게 만들어 준 우리가 지금 알고 있는 형태를 갖추기 시작한 것은 실은 예일대학교 교수가 되었을 때이다.

대학원생을 가르치면서 나는 학생들이 각각 다른 패턴의 능력을 가지고 있다는 것을 알게 되었다. 한 학생은 지능검사에서 측정되는 분석적 기술이 매우 뛰어났다. 하지만 다른 학생들은 그런 검사에서 평가되지 않는 다른 높은 기술을 가지고 있었다. '바바라'는 예외적인 창의적 기술을 보여주었고, '실리아'는 뛰어난 실제적 기술을 보여주었다. 1985년에 나는 지능이 하나의 능력(소위 말하는 'g')이 아니라 분석적 능력, 창의적 능력, 실제적 능력의 세 가지 상호 관련된 능력들로 구성되어 있다고 주장했다. 시간이 흐르면서 개인의 지능이란 단순하게 세 가지 능력의 가중치 합이나 세 능력의 평균이 아니기 때문에 그 이론은 옳지 않았다. 나는 '성공적 지능' 혹은 개인의 삶에 효과적으로 적용되는 지능으로 생각하기 시작했다. …지적인 사람들은 자신의 삶에서 무엇을 해야 하는지 생각하고 그들의 목표를 성공적으로 실현하기 위한 경로를 발견한다. 그들은 분석적 능력, 창의적 능력, 실제적 능력을 조합하여 그들의 강점을 최대화하고 약점을 보상하거나 수정함으로써 그렇게 한다.(p. 310)

성공적 지능의 삼원론은 이 분석적·창의적·실제적 능력은 개인이 성공할 수 있도록 전체적으로 기능한다고 주장한다(Sternberg, 1988, 1996, 1999b). 분석적 능력은 개인이 정보를 평가하고, 분석하고, 비교하고, 대조할 수 있도록 해 준다. 창의적 능력은 발명하고, 발견하고, 다른 창의적 노력을 할 수 있게 한다. 학습한 것을 적절한 상황에 적용하기 위해서는 모든 것을 연결시키는 실제적 능력이 사용된다.

성공적 지능 이론에 있는 많은 아이디어들은 수 세대 동안 심리학에서 논의되어 온 것들의 일부다. Rudolf Pintner(1912/1969)는 지능을 "삶에서 비교적 새로운 상황에 자신을 적절하게 적응시키는 능력이다. 그것은 모든 종류의 상황 속에서 잘 어울리기 위한 능력을 포함하는 것으로 보인다. 이것은 적응을 쉽고 신속하게 하는 것과 따라서 오래된 습관을 깨고 새로운 습관을 쉽게 형성한다는 의미를 포함하고 있다."라고 정의했다(p. 13). Sternberg의 연구의 가치는 한 세기 동안의 인지심리학과 사회심리학 연구에 기반한 한 이론을 제안하고 평가하고 수정한 것에 있다.

그 이론은 또한 세 가지 하위이론을 가지고 있다. 즉 성분적 하위이론, 경험적 하위이론, 상황적 하위이론이 있다. 성분적 하위이론은 개인 내에 있는 정보처리 능력을 말하며 세 가지 특수한 메커니즘을 가지고 있다(학습 능력, 앞으로 할 일에 대한 계획, 구체화된 행동적 수행). 경험적 하위이론은 지능의 사용과 관련한 신기성과 자동화의 역할을 강조한다. 상황적 하위이론은 환경을 조성하고, 적응하고, 선택하기 위한 개인의 능력에 초점을 맞춘다. 이 세 가지 하위이론은 지능에 대한 상황적 관점을 제공하고, 지능검사의 설계를 위한 대안적인 접근을 제안한다. Sternberg에 의하면 전통적인 지능검사는 성분적 하위이론만 강조하고 나머지 두 가지 하위이론은 무시하는 제한점을 갖고 있다(Sternberg, 1984). Sternberg와 그의 동료들은 그의 이론을 교육적 상황에 적용하기 위해 많은 연구를 했으며 일반적으로 긍정적인 결과를 얻었다(자세한 검토를 위해서는 Sternberg, 2011b 참조).

Sternberg 이론의 중요한 특징은 그가 Gardner와 같은 시기에 연구했다는 점을 생각하면 놀라운 일이 아니겠지만, 세 가지 지능이 사회문화적 상황 속에서 작동한다는 것이다. 삶에서 성공하기 위해서는 자신의 분석적·창의적·실제적 강점을 최대한 이용해야 하고, 동시에 이 세 가지에서의 단점은 보완해야만 한다. 이렇게 하기 위해서는 특별한 환경의 요구에 더 잘 적응하기 위해 단점인 부분을 개선하도록 노력하거나, 그 개인의 특별한 장점을 가치 있게 생각하는 환경에서 일하는 것을 선택해야 한다. 예를 들어, 분석적 능력과 실제적 능력이 매우 발달하고 창의적 능력이 덜 발달한 사람은 상상적인 사고는 별로 요구하지 않고 기술적인 전문성을 높이 평가하는 직업을 선택하는 것이 좋다. 반대로 만일 선택한 직업이 창의적 능력을 중요하게 생각한다면, 자신의 장점인 분석적 능력을 이용하여 이 단점을 극복할 수 있는 전략을 생각해 낼 수 있다.

따라서 그 이론의 중심적인 특징은 개인적인 상황과 개인의 사회문화적인 상황 모두에서의 적응력이다(Cianciolo & Sternberg, 2004). 하지만 Sternberg(2011b)는 지능은 "전통적인 지능에서 말하는 순응이라는 의미의 '환경에 대한 적응'과는 다르다는 것을 강조했다. 그의 이론은… 적응, 조성, 선택을 각각 구분한다"(p. 505).

사실 Jensen(1998)은 삼원론에 대한 비교적 호의적인 한 비평에서 삼원론은 직접적으로 g의 존재를 의심하고 있지 않으며, Sternberg 이론의 여러 성분과 하위성분은 g를 보완하고 "특별한 기회, 흥미, 성격 특성, 동기에 의한 영향을 받으면서 사람들이 그들 활동에 어떻게 다르게 g를 투자하는가를 반영하는 실제로는 성취 변인들이다."라고 말했다(p. 133). Hunt(2011)는 조금 덜 우호적인 한 비평에서 이것들과 그 외 이슈들을 제기하고 다른 학자들에 의한 Sternberg 연구에 대한 비판에 대하여 (호의적으로) 평가했다.

Sternberg(2011a)는 이것들 그리고 이와 비슷한 글들에 대하여 "나는 'g'이론가들 그리고 내 이론이 너무 광범위하거나 과대하다고 믿는 사람들로부터 공격을 받았다. 그들은 일반 능력이 삶에서의 성공을 가장 잘 예측하고 다른 특성들은 기껏해야 부차적인 것이라고 믿는 사람들이다. 그들은 나와는 다른 마음의 은유로부터 작동하는 사람들이다."라고 반응했다(p. 312). Sternberg는 '마음의 은유(metaphors of mind)'의 이슈를 이야기하고 지능 연구에 대한 은유적인 접근은 가용한 이론들과 증거를 그가 어떻게 생각할 것인가에 대한 많은 것을 말해 줄 수 있다고 그의 입장을 밝혔다(1990). 이것은 어떤 사람이 어떤 구성개념에 대하여 어떻게 정의를 내리는지를 이해하는 것과 그 사람의 연구가 수행된 역사적 상황과 문화적 상황을 이해하는 것의 중요성을 이 책에서 주장하는 우리의 입장과 직접적으로 유사하다. 인간의 마음은 대단한 창의성 엔진이지만 그것은 진공 속에서 아이디어를 생산하거나 연구를 수행하지는 않는다.

PASS 이론

지능 이론에 대한 또 하나의 매우 다른 접근이 J. P. Das, Jack Naglieri와 그들 동료들에 의해 제안되었다. 그들은 계획(planning), 주의-각성(attention-arousal), 동시적(simultaneous), 그리고 연속적(successive) 처리라는 PASS 모델을 제안했다(Das, Kirby, & Jarman, 1975; Das, Naglieri, & Kirby, 1994). PASS는 인간 인지의 3단위 모델을 제안한 러시아 신경심리학자 A. R. Luria(1973)의 연구를 기반으로 하고 있다. 3단위에는 신경의 각성과 주의(attention-arousal), 동시적 그리고 연속적 정보 부호화 과정(simultaneous and successive), 그리고 행동하기 위한 체계적인 정보의 사용(planning)이 있다[8](Naglieri & Das, 2002 참조).

뇌는 의존적이지만 개별적인 기능 시스템으로 만들어져 있다는 것을 신경심리학 연구자들이 보여줌으로써 PASS 이론은 *g* 이론에 도전했다. 사람의 뇌를 연구한 신경영상 연구와 임상 연구는 뇌가 모듈화되어 있다는 증거를 제공한다. 예를 들어, 왼쪽 측두엽의 특정한 영역에 손상을 입으면 구어와 문어를 표현하는 능력에 손상을 주지만 이해하는 능력에는 손상을 주지 않는다(이 점은 Gardner가 뇌 손상을 입은 환자에 대해 설명한 것과 같다). 그 옆에 있는 영역에 손상을 입게 되면 그와 반대로 말과 글로 표현하는 능력은 손상을 입지 않지만 말과 글을 이해하는 능력은 손상을 입는다.

앞에서 언급했듯이 PASS 이론은 지능을 계획, 주의, 동시적 처리, 연속적 처리의 네 가지 상호연관성이 있는 인지적 처리 과정으로 구분한다. 계획은 문제를 어떻게 해결하고 활동을 수행할 것인가를 결정하는 능력이다. 계획은 목표를 설정하고, 결과를 예측하고, 피드백을 사용하는 것을 말한다. 계획은 또한 아래에서 언급할 주의, 동시적 그리고 연속적 처리 기능과 관련되어 있으며 뇌의 측두엽과 연관성이 있다. 주의는 다른 방해 요인을 무시하고 선택적으로 자극에 주의하는 능력이며, 더 높은 주의 과정은 전두엽의 계획 기능과 관련이 있는 것으로 생각된다.

동시적 처리는 분리된 자극을 서로 연결되는 전체적인 것으로 통합하는 능력이다. 동시적 처리는 "빌은 수보다 키가 크고, 메리는 빌보다 키가 크다. 누구 키가 가장 큰가?"와 같은 언어 이해를 위해 필요하다(Das et al., 1994, p. 72). 후두엽과 두정엽이 이 기능을 위해 중요한 역할을 하는 것으로 생각된다. 마지막으로 연속적 처리는 자극을 순차적으로 통합하는 능력이다. 이 처리의 예로는 읽기와 쓰기에서 글자와 단어를 일정한 순서로 배열하는 것이 있다. 이 유형의 처리는 전측두엽 기능과 관련이 있다고 생각된다(Das, 2002).

PASS 이론에 의하면 정보는 외적 그리고 내적 정보원으로부터 감각 기관에 도달하며 그 지점에서 네 가지 인지 과정이 개인의 지식 기반(의

미적 그리고 일화적 지식, 암묵적 그리고 절차적 기억 등) 내에서 그것의 의미를 분석하기 위해 활성화된다. 따라서 그런 정보는 여러 가지 방법으로 처리될 수 있다(Das, 2002).

흥미 있게도 PASS는 커다란 지지도 비판도 없이 기대한 만큼의 주목을 받지 못했다. PASS는 두 가지 유명한 지능 평가도구인 인지평가시스템(Cognitive Assessment System)(Naglieri & Das, 1997)과 아동용 카우프만 종합검사 2판(Kaufman Assessment Battery for Children 2nd ed.)(Kaufman & Kaufman, 2004)의 기반이 되는 이론이다. 하지만 이 이론은 지능 이론과 연구에 대한 주요 비평에서 거의 주목을 받지 못했다. 이 이론에 대한 지지가 최소한의 전망을 보여주기 때문에(Naglieri & Otero, 2011) 우리는 이 이론을 '표준 중량 미달'로 결론을 내린다.

진짜 완전히 다른 무엇을 찾아서

우리가 지금까지 언급하지 않은 한 가지 개념은 정서지능(Emotional intelligence, EI)이다. 그것을 어디에서 다루어야 할지 많은 고민을 했다. 유망한 새로운 방향이라고 틀을 정한 마지막 장에서 다룰까? 이 영역의 발달이 사람들이 실감하는 것보다 더 앞섰기 때문에 그건 아니라고 생각됐다. 그렇다면 이 장에서 '새로운 개념화'로 다루는 것은? 정서지능 이론과 연구는 앞에서 논의한 인지적으로 개념화한 것과는 상당히 다르기 때문에 이 또한 적절한 해결이 아니다. 비록 이 전환이 조금 어색하다고 생각되기는 하지만, 결국 우리는 바로 지금 여기가 적절하다고 결정했다(물론 분명한 이유가 있다).[9] 우리는 또한 정서지능에 대한 철저한 개요를 다루지 않기로 했다. 그 이유는 검토할 내용이 너무 많고, 정서지능의 성격에 대한 좋은 자료들이 이미 많고(예 : Mathews, Zeidner, & Roberts, 2012), 정서지능의 개념화, 연구 적용에 대한 비판이 정기적으로 나오고 있기 때문이다(예 : Cherniss, Extein, Goleman, & Weissberg, 2006; Ciarrochi, Chan, & Caputi, 2000; Joseph & Newman, 2010; Matthews et al., 2012; Waterhouse, 2006).

정서지능 이론과 연구는 일반적으로 능력 개념화 접근, 특성 개념화 접근, 혼합 접근의 세 가지 범주로 구분할 수 있다. 가장 유명한 능력 개념화는 Jack Mayer와 Peter Salovey에 의해 개발된 것이다. 그들은 정서지능의 구성개념을 '정서들의 의미와 그것들의 관계를 인식하고, 그것들을 기반으로 해서 추론하고 문제를 해결하는 능력'이라고 정의하고 "정서지능은 정서를 지각하고, 정서와 관련하여 발견한 것을 동화하고, 그 정서들의 정보를 이해하고, 그것들을 관리하는 것에 관련된다"(Mayer, Caruso, & Salovey, 2000, p. 267). 다시 말해서 정서지능은 별개의 인지능력이다.

Mayer-Salovey 모델은 네 가지 성분을 가지고 있다—반성적으로 정서를 조절하기, 정서를 이해하기, 사고 중에 정서를 동화하기, 정서를 지각하고 표현하기(Mayer & Salovey, 1997; Mayer et al., 2000). 흥미 있게도 4종의 기술들은 더 낮은 수준(정서의 지각과 표현)에서 더 높은 수준(정서의 반성적 조절)까지 연속선상에 있다. Mayer-Salovey 모델은 그들이 왜 그런 기술을 측정할 수 있고 가르칠 수 있는가를 보여주려고 했기 때문에 그 모델의 인지적 풍미를 지각하기가 쉽다. 그 밖에 그들의 연구는 여러 면에서 다중 지능 이론과 비슷하고 또한 인지적 기술의 적용에 상황적 이해를 강조하는 3원론을 부분적으로 상기시킨다.

능력 모델과 혼합 모델의 첫 번째 물결 위에 세워졌기 때문에 Cherniss(2010)가 '2세대 모델'이라고 묘사한 특성 모델은 정서를 다루는 성격 특성을 포함하도록 설계되었다. Matthews 외(2012)의 말로 하자면 정서지능의 특성 개념화는 "진짜 능력이라기보다는 세상을 경험하는 전형적인 행동과 방식을 의미한다"(p. 43). 이 영역에서 아마도 가장 잘 알려진 연구는 K. V. Petrides와 동료들이 수행한 것으로 그들은 정서성, 자기통제, 사회성, 웰빙의 고수준 요인을 포함하는 위계적인 특성 정서지능 모델을 제안했다(Petrides, 2011; Petrides & Furnham, 2003; Petrides, Furnham, & Mavroveli, 2007). 특성 정서지능을 측정하기 위해 특별히 개발된 도구를 사용한 연구는 주로 이 모델을 지지하고 이 모델과 중요한 사회정서적 결과들과의 관계를 지지했다(예 : Frederickson, Petrides, & Simmonds, 2012; 철저한 검토를 위해서는 Mattews et al., 2012 참조).

혼합 모델은 능력 접근과 특성 접근 모두의 특성을 가지고 있으며 Bar-On(1997, 2000, 2005)의 연구가 가장 유명하며 영향력이 있다. Bar-On의 개념화는 다섯 가지 고수준 요인(예 : 개인 내, 개인 간, 스트레스 관리, 적응력, 일반 기분)과 15개의 저수준 차원을 포함하고 있다. 특별히 이 모델에 기반한 측정도구를 사용할 때 Bar-On과 동료들은 '정서지능지수(EQ)'가 웰빙과 성공적인 업무 수행의 지표들 간에 상관이 있는 것을 발견했다(예 : Bar-On, Handley, & Fund, 2005). 비록 혼합 모델이 문헌에서 많은 비판을 받고 있지만, 그들이 초기의 정서 지능 연구에 공헌한 바는 인정받아야 한다.

이 모든 이론과 연구는 "정서 지능이 진짜 지능의 한 유형인가?"라는 중요한 질문을 제기한다. 예를 들어, Wechsler(1940)는 성격과 같은 '비지적인'요인이 지능 발달에 영향을 미친다고 주장하고, 이런 요인들의 중요성은 인정하지만 그것을 지능과는 구분했다. Mayer 외(2000)는 이 이슈에 대해 '지능'이라고 이름 붙일 수 있는 한 구성개념에 대한 세 가지 준거를 제시하면서 직접적으로 대응했다. 그들의 준거를 간단하게 설명하면 다음과 같다.

1. **개념** : 지능은 자기개념 혹은 '선호하는 행동 방식'과 같은 비지적인 구성개념이 아니라 '정신적 수행'을 나타내는 것이어야 한다.
2. **상관** : 지능은 다른 '이미 정립되어 있는' 지능의 개념과는 실증적으로 구분되는 것이어야 하고, 밀접하게 관련된 능력들로 구성되어야 한다(예 : 그것은 내적으로 일관성이 있고 외적으로 구분되는 것이어야 한다).
3. **발달** : 지능은 연령이 증가하고 관련된 영역에서 경험을 하면서 변해야 한다.

이 준거를 기반으로 Mayer, Salovey와 그들의 동료들은 그들의 능력 개념의 정서지능은 사실 별개의 지능이라고 믿는다. 그러나 그들은 다른 정서지능 모델들도 이 준거를 충족시킨다고 주장하지는 않는다. 사실 그들은 다른 접근에 대해 꽤 부정적인 관점을 가지고 있다.

정서지능은 능력보다 정서에 대한 지각, 동화, 이해, 관리와 관련된다고 종
종 개념화된다(특히 대중 문헌에서). 이 대안적인 개념화는 정서와 지능뿐
만 아니라 동기, 비능력 성향과 특성, 그리고 포괄적인 개인적 기능과 사회
적 기능을 포함한다… 그렇게 확장된 개념은 그 용어의 활용성을 제한하게
되는 것으로 보인다… [이 '혼합' 모델]은 정서지능의 일부인 개념과 정서
지능과 혼합된 혹은 복잡해진 개념으로부터 구분될 수 있게 조심스럽게 분
석되어야만 한다.(Mayer et al., 2000, p. 268)

우리는 능력 중심 모델이 사람들이 일반적으로 이야기하는 지능의 개
념과 가장 근접하게 일치한다고 보며, 성격 특성 모델은 지능이라기보다
는 성격과 감정의 측면이라고 본다. 그렇다고 해서 특성 모델과 혼합 모
델이 가치가 없거나 중요하지 않다는 것이 아니라 다른 형태의 지능을
연장한 것같이 느껴진다.

그래서… 이제 우리는 어디에 와 있는가?

최근의 지능 개념을 지지하는 경험적 연구 결과들이 부족하다. 비평가들
은 이 '이론들'에 대하여 g와 같은 전통적인 심리 측정 접근들에 불만이
있지만 적절한 대안을 찾을 수 없는 학자들의 단지 희망사항이 아닌가
하는 질문까지 한다.

이런 비판은 선택적으로 불편한 증거를 간과하는 면도 있고 조금 성
급하게 비판하는 면도 가지고 있다. 연구자들이 g를 지지하는 근거를 수

집하는 데 100년이 걸린 것을 생각하면 최근 이론을 지지하는 연구를 수집하기에는 아직 시간이 부족할 수 있다. Galton이 거의 150년 전에 비판받았던 것과 마찬가지로 Gardner도 사람들이 듣고 싶어 하는 것을 말하고 있다는 비판을 받고 있는 것을 보면 흥미롭기도 하다.

동시에 어떤 최근 이론들에 대한 강력한 경험적 지지는 기대하는 속도로 누적되고 있지 않다. 하지만 균형적인 관점에서 보면, 최근 이론의 범위는 긍정적인 발전으로 보아야 한다. 역사적으로 심리 측정적 개념화에 불만족이었던 연구자들에게 대안이 거의 없었지만, 최근 이론들에는 단점도 있지만 신선하고 광범위한 개념과 방법을 제시하고 있다.

그 논쟁에 대한 한 가지 불만스러운 점은 다양한 입장들이 서로 빗나가는 이야기를 한다는 것이다. 이렇게 연결이 되지 않는 주된 이유는 Sternberg가 말하듯이 각 입장이 다른 '마음의 은유(metaphor of mind)'를 사용하기 때문이다. 우리가 이 책에서 사용했던 용어로 말하자면, 각 입장은 그것의 구성개념을 다르게 조작하고 있다. 많은 연구자들은 g에 대한 최근의 개념화에 대해 만족해하고 최근 이론들이 전체적으로 통합한다고 본다. 많은 최근 이론가들은 실제 상황에 대한 적용은 그들의 이론이 g보다 낫다는 이론적 타당도의 한 형태라고 믿는다. 우리는 그 차이를 주로 정의의 문제라고 생각한다.

당신은 다중잠재력으로 충만한가?

이 모든 이론들은 무엇을 의미하는가? 모든 차이점들이 실재로 중요한 것인가? 그것은 공평한 질문들이며, 우리는 수많은 예를 들어 설명하고 싶다. 하지만 당신이 지루해서 잠드는 것을 바라지 않기 때문에 이 차이점들이 왜 중요한지 한 가지 예만 들 것이다. 그것은 한 사람이 몇 가지 다른 영역에서 높은 수준의 잠재력을 가지는 것이 가능한가 하는 다중잠재력의 존재에 대한 논쟁이다. 상담 관점에서는 어떤 사람이 글쓰기, 과학, 무용에 잠재력을 가질 수 있는가와 같이 영역들을 넓게 본다. 연구 관점에서는 어떤 사람이 글쓰기, 화학, 수학, 그리고 역사에 잠재력을 가질 수 있는가와 같이 전통적인 학문적 그리고 인지적 영역들로 제한시키는 경향이 있다.

만일 다중잠재력이 존재한다면 한 재능인에게 몇 가지 어려운 문제가 생길 수 있다. 진로 선택의 폭을 줄이는 문제, 높은 지위(혹은 높은 수입)를 가질 수 있는 직업을 선택할 것을 강요하는 외부 압력, 진로 미결정에 따른 혼란스러움이나 가정 꾸리기와 같은 다른 우선하는 일이 있음에도 불구하고 장기간의 교육과 훈련(예 : 대학원 혹은 전문가 학교)에 집중해야 하는 어려움, 그리고 완벽주의 경향성(예 : '완벽한' 진로를 찾기) 등의 문제들이 있다(Rysiew, Shore, Leeb, 1999). 그렇기 때문에 만일 다중잠재력이 존재하지 않는다면, 다중 진로 경로를 고려하면서 학생을 도우려고 설계된 상담 전략은 잘못된 목표를 설정한 결과가 될 것이다. 다시 말해서 만일 당신의 재능이 화학에 있다면, 진로 선택의 길을 열어두기 위해 너무 오랫동안 선택하지 않고 기다린다면 실제로는 당신이 성공할 수 있는 기회를 결국 제한하는 결과가 될 수 있다.

다중잠재력의 아이디어에 대하여 어떤 연구들은 지지하고(Gagne, 1998; Kerr & Erb, 1991) 어떤 연구들은 심하게 비판하고 있어서(Achter, Benbow, & Lubinski, 1996; Legree, Pifer, & Grafton, 1996; Milgram & Hong, 1999) 다소 혼란스럽다. 이 논쟁 중에서 우리는 Robinson(1997)이 지적한 것을 즐겨 인용하는데, 그는 검사에서 천장효과 때문에 거짓으로 다중잠재력이 있는 것같이 보이게 한다고 지적했다(예 : 검사에 나오는 문항이라고 해도 난이도 수준이 너무 낮아서 똑똑한 사람들은 거의 모두 99 백분위 점수를 받는다). 천장효과의 존재는 '전반에 걸쳐 동등한 잠재력이 있다는 환상을 유지시키는 것'일 수 있기 때문에 조심할 필요가 있다고 지적한다(p. 217).

다양한 지능 이론가들은 다중잠재력에 대하여 어떻게 생각할까? 단일 지능을 지지하는 사람들은 일반적으로 지능의 핵심적인 인지 성분들이 여러 영역에 걸친 지적 활동의 밑바탕이 된다고 믿기 때문에 아마도 공감할 것이다. 다중 지능 관점을 가지고 있는 사람들은 다중 잠재력에 대한 태도가 아마도 다양할 것이며, 그것은 역사적 관점에서 보면 놀라운 일이 아니다. 많은 비단일 지능 이론들은 항상 그렇지는 않을지라도 인간 활동은 특수한 영역 속에서 상황 의존적이라는 특징을 강조하던 시기에 대부분 형성되었다. 우리가 이 책 전체를 통해서 논의했듯이, 그 당시의 지적 주제들이 그 시간 속에서 생겨나는 이론들 속에 뒤얽혀 있듯이 모든 지능 이론은 그것의 역사적 상황 속에서 고려되어야 한다.

그래서 다시 한 번 말하지만 지능 구조의 어디에 서있느냐는 다중잠재력의 이슈를 어떻게 보느냐에 영향을 미친다. 이것은 대학진학과 진로를 준비하는 똑똑한 고등학생을 상담하고 있는 진로 상담자와 같은 실천가들에게 무엇을 말해 주는가? 결국 영재 학생 그리고 재능 있는 학생의 부모는 다중잠재력이 문제라고 믿으며(Moon, Kelly, & Feldhusen, 1997), 다중잠재력은 없다고 주장해도 아마 소용이 없을 것이다. 동시에 상담자는 Robinson이 지적한 검사의 천장효과를 회피하려고 하지 않아야 학생의 장점에 대한 더 정확한 프로파일을 조사할 수 있다.

당신은 자신의 지능에 대한 어떤 믿음을 가지고 있는가?

본 장을 마무리하기 전에 우리는 자신의 지능에 대한 어떤 믿음을 가지고 있는가 하는 것이 중요하다는 것을 소개하고 싶다. 정말 중요하다. 당신은 당신의 지능이 '지금 있는 바로 그대로' 고정된 변화될 수 없는 특성이라고 믿는가? 아니면 당신의 지능은 유연하고 노력하면 향상될 수 있다고 믿는가? 이 질문에 대해 답하는 방식이 당신 미래의 지적 · 학문적 · 직업적 성공에 대한 커다란 함의를 가지고 있을 수 있다. 왜 그런가 하는 이유를 알아보자.

미국 심리학자 Carol Dweck과 그녀의 동료들에 의한 수십 년간의 연구 결과는 지능이 변할 수 있다고 믿는 사람들은 지능이 고정된 내적 특성이라고 믿는 사람들보다 더 기꺼이 지적 도전을 하는 것을 보여준다. 마찬가지로 중요한 것은 자신의 지능을 향상시킬 수 있다고 믿는 사람들은 문제가 어려움에 부딪쳤을 때도 더 인내한다는 점이다(Deiner & Dweck, 1978, 1980; Dweck, 1975, 1999, 2007). 이것은 직관적으로 이런 생각을 하게 한다. 당신의 지능이 불변하는 특성이라 믿는다면 아마도 당신은 성공했다고 보이는 것에 높은 가치를 둘 것이다. 시험에서 A를 받는 것은 당신이 지적이라는 꽤 좋은 증거가 될 것이다. 하지만 만일 당신이 지능은 변할 수 있다고 믿는다면, B를 받아도 더 많이 배울 수 있는 어려운 수업을 선택할 것이다. 더 어려운 수업이 당신의 지능 향상에 도움이 되기 때문에 B 학점을 받는 것에 대해서는 그렇게 신경 쓰지 않을 것이다.

이 근본적인 태도의 차이가 종종 수행 지향(똑똑해 보이는 것)과 숙달 지향(실제 학습에 초점을 맞추는 것) 간의 차이로 개념화된다. 학생이 어떻게 칭찬받느냐 하는 것이 한 사람의 건강한 숙달 지향성을 개발하느냐 혹은 다소 신경증적인 수행 지향성을 개발하느냐를 결정하는 데 중요한 역할을 하는 것으로 나타났다. 학생들의 성적이 좋을 때 머리가 좋다고 칭찬하는 것이 좋은 아이디어로 보이지만, 실제로는 그렇지 않다. 예를 들어 수학 시험에서 100점 받는 학생의 경우를 생각해 보자. 교사나 부모는 "너는 정말 수학적 능력이 대단하구나."와 같은 말로 칭찬해 줄 수 있다. 이것은 성공이 지능의 증거라는 메시지를 전달한다. 이 경우에 그 학생은 실패할 위험이 있는 지적인 도전을 얼마나 기꺼이 하려고 할까? 교사나 부모는 대신에 노력에 대해 칭찬하는 것이 더 좋을 것이다. "네가 수학 숙제를 정말 열심히 하더니 결국은 해냈구나!" 이것은 학생에게 지능은 노력과 인내를 통해 향상될 수 있다는 것을 가르치며, 숙달 지향 목표와 지적 성장을 위한 잠재력을 최대한 키우는 목표를 세우게 한다.[10]

- 단일 지능 개념은 여전히 연구자들과 이론가들이 따르고 있으며, 최근의 지능 연구에 주요한 영향을 미치고 있다.
- 시간이 흐르면서 이론들은 확장되어서 다중 측면의 종종 위계적 지능 모델들을 포함하게 되었다.
- 비록 Horn-Cattell 모델과 Carroll 모델은 동의하지 않지만, 심리 측정학적 기반을 둔 이론들은 일반적으로 단일 지능의 존재를 선호한다.
- 지능 이론들은 그것들이 만들어진 역사적 상황과 문화적 상황을 반영하는 경향이 있다.
- 다중잠재력은 존재할 수도 존재하지 않을 수도 있지만, 천장효과가 검사에서 나타나는 것은 분명하며 특정한 사람의 능력과 미래 성공을 위한 잠재력에 대한 자료를 검토할 때는 반드시 천장효과를 고려해야 한다.

미주 ----------

1 학생은 중요한 공헌을 할 수 없다고 누가 말하는가?

2 중요한 것은 g를 찾으려는 연구를 하지 말고 그 자료가 무엇을 말해주는가를 연구하는 것이다.

3 예를 들면, 그는 IQ 점수를 계산하는 방법에서 정신연령 대신에 점수 분포를 반영하도록 개선했으며, 이 방법은 그 당시에 널리 사용되었다.

4 Crosby, Stills, Nash, Sometimes Young에게 사과드린다.

5 여러분도 짐작했겠지만 Horn은 '아니요'이고 Carroll은 '예'이다.

6 이 준거에 대한 자세한 설명은 Gardner(1983)가 쓴 **마음의 틀** 4장 참조

7 Noam Chomsky, Thornton Wilder, Jean-Paul Sartre, Igor Stravinsky 가 주석에 등장하는 것을 보면 인간 지능에 대한 다른 관점을 가지고 있는 책이구나 생각하면 100% 틀림없다!

8 당신이 지금 생각하고 있는 것을 우리도 생각했었지만 A-ASSP라 고 하면 좋은 두문자어가 안 된다. 또한 Das는 주의-각성(attention-arousal)이라는 용어를 사용하지만, Naglieri는 주의(attention)에 더 초 점을 맞추고 있으며 그가 다른 연구자들보다 PASS 이론을 평가에 더 많이 적용했기 때문에 우리는 PASS라고 부르기로 했다.

9 만약 이것이 성가시다고 생각한다면 아마도 당신은 정서지능을 더 개발해야 한다.

10 지능에 대한 사람들의 믿음에 대한 잘 개발된 다른 연구들이 있다. 특히 발달 단계나 문화에 따라서 이 믿음이 어떻게 다른가 하는 "암 묵적 이론들"(예 : 사람들의 개인적인 이론들)이 대표적이다(예 : Berg & Sternberg, 1985; Grigorenko et al., 2001; Lim, Plucker, & Im, 2002). 이 연구는 중요하고 흥미롭지만 여기에서 다루기에 적절 한 주제는 아니다.

6

천성인가 혹은 육성인가?
플린 효과는 지능에 대한
무엇을 말해 주는가?

지능이라는 구성개념이 처음 연구되기 시작했을 때부터 지능의 기원에 대한 뜨거운 논쟁이 있었다. 앞 장에서 우리는 미국에서 시작된 우생학 운동과 Goddard의 사회적 관심에 대하여 기술했다. Goddard는 지능이 기본적으로 선천적 유산이라고 확신하고 지능이 낮은 사람에게 통제 없이 후손을 낳게 한다면 미국의 국가적 지능이 점차적으로 감소할 것이라고 우려했다(Goddard, 1912b, 1914, 1917). Goddard가 우려한 문제는 Galton의 영향을 받은 것이었는데, Galton은 같은 이슈를 반대 관점에서 접근했다. 즉 Galton은 '천재'의 수를 점차적으로 증가시키기 위해서는 지적 영재들끼리의 결혼을 장려해야 한다고 주장했다(Galton, 1884b). Goddard와 Galton의 경고에도 불구하고 미국, 영국, 그리고 많은 나라에서 인간의 지능이 점차적으로 증가해 온 것으로 보인다(예 : Flynn, 1984, 1998, 2010). 따라서 당신은 당신의 부모보다 어떤 방식으로든 '더 똑똑할' 가능성이 분명히 높다. 하지만 그것은 당신이 이미 알고 있던 사실이 아닌가?

이 연구 결과는 1984년 James Flynn에 의해 처음으로 보고되었으며, 그는 미국에 살고 있는 사람들의 지능검사에서 지능이 10년마다 3점 이상 증가하고 있는 것을 발견했다.[1] 이것은 46년간에 걸친 그의 초기 연구에서 IQ 평균점수가 13.8점(표준편차 점수로 거의 1점)이 증가한 것이다 (Flynn, 1984). 이렇게 시간이 흐름에 따라 IQ가 증가하는 현상을 그의 이름을 따서 플린 효과(Flynn effect)라고 부르게 되었으며, 이 책에서는 줄여서 FE로 표시할 것이다. 당신이 당신 부모보다 '더 똑똑할 것'이라는 말을 장난으로 할 수도 있겠지만, 그러나 실제로 FE는 매우 심각한 문제 다. FE는 인간 지능을 연구하는 최근 학자들 간에 상당한 관심과 논쟁을 불러일으켰으며, 당신도 나중에 알게 되겠지만 FE에 대한 논쟁은 어떤 사람들에게는 사느냐 죽느냐 하는 문제와 관련된다(Flynn, 2006, 2007, 2009; Kaufman, 2009, 2010 참조s).

　FE를 이해하기 위해서는 IQ란 절대적인 점수가 아니라 IQ 검사를 받 은 같은 연령의 다른 사람들과 비교한 한 개인의 수행에 대한 정보를 제 공하는 상대적인 점수라는 것을 이해하는 것이 중요하다. IQ는 평균이 100이고(역사적 관습에 근거하여 임의로 선택한 점수) 표준편차가 15가 되는 정상분포곡선을 그리도록 조심스럽게 만들어져 있다. 정상분포곡 선을 사용하면 어떤 IQ 점수에 대해서 어떤 모집단의 몇 퍼센트가 그 점 수 위에 있고 몇 퍼센트가 그 점수 아래에 있는지 쉽게 알 수 있다. 예를 들어, 70점 이하의 점수나 130점 이상의 점수는 흔하지 않으며(각 모집 단의 약 2% 조금 넘는다) 어떤 사람이 지적 장애자인지(70 이하) 혹은 영 재인지(130 이상) 판단하기 위해 사용될 수 있다(Kaufman, 2009).

　이런 IQ 검사를 만들기 위해서는 그 검사를 표준화('규준화')해야 하 며, 그 표준화하는 당시에 존재하는 모집단을 대표하는 표본을 기반으로 해야 한다. 이것은 민족과 사회경제와 지리적 배경을 가지고 있는 다양한 연령의 많은 사람들이 큰 표본을 구성해야 하고 같은 지능검사를 받아야 한다는 것을 의미한다. 그래야만 그 검사 개발자는 한 모집단에서 각 연령별로 얼마나 많은 사람들이 각 문제에 정확한 답을 할지 알 수 있다. 이런 정교하고 오랜 시간의 작업 과정이 끝난 후에 마침내 그 검사는 출판되고 임상의와 연구자들에 의해 사용될 수 있다. 과거에는 검사 개발자들이 아주 가끔 검사를 규준화했다. 웩슬러 아동용 검사(WISC; Wechsler, 1949)의 개정판인 WISC-R(Wechsler, 1974)이 출판되기까지는 25년이 흘렀으며, 그다음 WISC-III(Wechsler, 1991)가 출판되기까지는 또다시 17년이 흘렀다. 하지만 Flynn이 오래된 지능검사에서 사람들이 더 높은 점수를 받는 경향이 있다는 것을 발견한 이후로, IQ 검사 개발자들은 정기적으로 더 자주 IQ 검사를 규준화하고 있다(Kaufman, 2009, 2010).[2]

Flynn의 방법은 비교적 간단하다. 그는 같은 피험자들에게 두 가지 이상의 지능검사를 실시한 연구들을 그가 찾을 수 있는 한 모두 수집했다. 수집한 연구들 중에서 검사들의 규준화 간격이 6년 이상인 검사들만 뽑았다(최소한 하나의 '오래된' 검사와 하나의 새로운 검사를 규준화한 시간차). 타당도를 최대화하기 위해서 Flynn은 다양한 제외 기준을 적용했다. 예를 들어, 한 검사와 다른 한 검사 간에 내용이 많이 중복되어서 상당한 연습 효과의 위험성이 있는 연구, 한 검사와 다른 한 검사의 실시 기간이 2년 이상의 간격이 있는 연구(두 검사 기간 사이에 실제 IQ가 변했을 수도 있기 때문), 한 검사와 다른 한 검사가 실시되는 기간 사이에 피검사자가 극적인 생활 변화를 경험한 연구(예를 들면, 좋은 환경의 학교에서 나쁜 환경의 학교로 전학한 경우), 혹은 정상분포곡선으로 표시되는 전체 IQ 범위를 포함하지 않은 연구들을 제외시켰다. 7,500명의 피검사자를 대상으로 하는 자료를 포함하는 73개 연구들이 남게 되어서, 8개 표준화 표본에 대한 18개 검사에서 정보를 얻을 수 있게 되었다.

Flynn은 각 검사에서 얻은 평균점수를 계산하기 위한 일정한 채점 체계를 만들기 위해서 각 검사에서 얻은 표준화 자료를 사용했다. 그의 연구 결과 일반적으로 오래된 검사에서 피험자들이 상당히 더 높은 수행을 하는 것으로 나타나서, 오래된 규준 집단이 비교가 된 새로운 규준 집단만큼 '똑똑하지' 않은 것을 보여주었다. 모든 연령 집단에서 일관되게 IQ 점수가 증가한 것으로 나타났으며(2세에서 48세까지) 1932년에서 1978년까지 거의 직선에 가까운 형태를 보였다. 그 직선 패턴은 사람들이 시간에 걸쳐서 비교적 일관된 비율로 더 똑똑해지고 있는 것을 나타낸다.

1987년 Flynn은 14개 국가에서 얻은 검사 자료에서 한 세대 동안 IQ 점수가 5점에서 25점이 증가한 비슷한 현상을 보여주는 추후 연구의 결과를 발표했다(Flynn, 1987). 그는 하지만 이번에는 결정성 지능보다는 유동성 지능을 중점적으로 측정한 검사에서 훨씬 더 점수가 증가한 것에 밀접한 초점을 맞추었다(Kaufman, 2009, 2010). WISC 유사성 하위검사(주로 유동성 지능을 측정)와 유동성 지능을 측정하는 것으로 생각되는 Raven 누진행렬검사(1981)에서 특히 눈에 띄는 증가가 나타났다. 유동성 지능은 형식적인 학습이나 인생 경험에 덜 의존하는 것으로 생각되기 때문에 이 결과는 놀라운 것이었다(Ceci & Kanaya, 2010). 이것은 지식 기반이 계속적으로 증가하는 것에 노출되기 때문에 새 세대의 지능이 증가한다는 식으로 FE를 설명할 수 없다는 것을 보여주었다. 사람들이 단순히 더 많이 알아가고 있는 것이 아니다. 사람들은 다르게 알아가고 있다. 사람들이 새로운 문제를 논리적으로 해결하고 추상적으로 사고하는 능력이 사람들이 가지고 있는 정보나 어휘와 같은 낱개 지식 기반보다 더 빨리 향상되고 있다(Flynn, 2007).

이 책을 쓰고 있는 지금까지 29개 국가에서 FE가 발견되었다(Ceci & Kanaya, 2010; Flynn, 1998, 1999, 2007, 2009; Wechsler, 1991; Zhou, Zhu, & Weiss, 2010 또한 참조). 대부분의 나라에서 IQ 점수가 증가하는 경향은 20세기를 거쳐 21세기에 들어서서도 지속되고 있다(예 : Ceci & Kanaya, 2010; Flynn, 2007; Flynn & Weiss, 2007; Kaufman, 2009; Zhou & Zhu, 2007). 그런데 노르웨이(Sundet, Barlaug, & Torjussen, 2004)와 덴마크(Teasdale & Owen, 2005, 2008)에서는 증가 추세가 멈추었거나 감소하기 시작하는 것으로 보인다. Yang, Zhu, Pinon과 Wilkins(2006)은 미국의 매우 어린 아동에게서는 FE가 현재 역전되고 있다고 보고했다. 미국에서 거의 200만 명의 5학년, 6학년, 중학교 1학년 학생들의 검사 점수를 연구한 결과는 고능력(상위 5%) 학생들에게는 FE가 생생하게 남아 있다는 것을 보여준다(Wai & Putallaz, 2011).

플린 효과의 원인

세계적으로 IQ 점수가 증가하는 현실은 학자들 간에 인정하는 공통된 의견으로 보인다(McGrew, 2010). 하지만 그 원인에 대해서는 상당한 논쟁이 있다(Ceci & Kanaya, 2010). 연구자들은 다양한 설명을 내놓고 있는데, 영양 상태(Colom, Lluis-Font, & Andres-Pueyo, 2005), 공중보건 (Steen, 2009), 교육(Teasdale & Owen, 2005), 환경(Dickens & Flynn, 2001)의 전반적인 향상을 원인으로 설명하고 극소수는 유전적인 변화로 설명하기도 한다(Rodgers & Wanstorm, 2007). FE는 통계학적 혹은 방법론적인 인공물일 뿐이라고 말하는 소수의 연구자들도 있다(Beaujean & Osterlind, 2008; Rodgers, 1998).

결정성 지능에 비해서 유동성 지능이 훨씬 많이 증가했기 때문에 Flynn은 FE의 원인은 구체적 사고 중심에서 추상적 사고 중심으로의 사회적 이동에 있다는 결론을 내렸다. 그는 과학 기술의 발달이 젊은 세대로 하여금 구체적 접근보다는 추상적 접근을 사용하여 문제를 풀도록 한다는 결론을 내렸다. 이 '새로운 마음의 습관'으로 논리적이고 가설적인 추론을 할 수 있기 때문에 전 세대가 사용하던 유형의 사고에서 벗어나 큰 사고의 변화를 일으킨 것이다(Flynn, 2007, p. 53). Flynn은 다음과 같이 설명한다.

구시대에는 지능이 매일매일의 현실에 연결되어 있었다. 과학이 구체적 상황으로부터 사고를 해방시킬 때 일어나는 형식적 문제를 해결할 수 있는 … 추상적으로 사고할 수 있는 능력이 있다는 점에서 우리는 옛날 사람들과 다르다. 1950년 이후로 우리는 더 똑똑해졌고… 즉석에서 문제를 풀 수 있게 되었다.(Flynn, 2007, pp. 10-11)

Robert Sternberg는 Flynn의 설명이 가능하다고 믿는다. 하지만 전 세계적으로 기술혁신과 교육적 기회와 질은 결코 같지 않기 때문에 과학기술과 사고의 발달로는 세계적으로 많은 나라에서 하나같이 IQ가 증가하는 것을 설명할 수 없다고 했다. 여러 가지의 상호 영향을 미치는 원인들이 FE를 설명할 수 있을 것이며, 특히 "세상이 더 복잡해지면서 이 세상에서 성공적으로 적응하기 위한 지능도 더 높아질 필요가 있다"(Sternberg, 2010, p. 435). 그는 그런 세상을 다음과 같이 비유한다. "세상은 사람들에게 IQ 검사에 의해 측정되는 추상적 사고와 상징적 추리와 같은 기술들을 다른 것보다 더 많이 개발하도록 지시한다… 환경의 요구를 부분적으로 반영하여 기술이 발달한다. 추상적 추리는 오늘날 세상에서 더 중요하게 되었다"(2010, p. 436).

Alan Kaufman(2010)도 Flynn의 주장에 대한 몇 가지 잠재적 오류를 지적했다. 그는 FE의 존재를 인정하고 세계적인 IQ 점수의 상승 정도도 인정한다. 그러나 그는 특정한 IQ 하위검사 점수에서의 세대 간의 차이를 추상적 사고력에 대한 세대 간의 차이로 Flynn(2007, 2009)이 설명하는 것에 대해 매우 비판적이다. 문제가 되는 것은 WISC(Wechsler, 1949)가 WISC-R(Wechsler, 1974)로 개정될 때 검사 내용, 실시 절차, 채점 가이드라인이 상당히 변했다는 것이다. Flynn이 새 검사와 오래된 검사에서 얻은 아동의 수행을 비교하는 것을 사과와 오렌지를 비교하는 것과 마찬가지라고 할 정도로 두 검사 간의 차이는 컸다. 구체적으로 Flynn은 WISC 유사성 하위검사로 측정한 점수와 WISC-R의 유사성 하위검사에서 측정한 점수를 비교해서 유동성 지능이 증가했다고 주장해서는 안 된다는 것이다. '그가 증가했다고 주장하는 대부분'을 Kaufman

은 '가짜'라고 설명했다(Kaufman, 2010, p. 384). 몇 가지 그 이유를 들면 다음과 같다.

첫째, 1949 WISC에 대한 개정판은 5~15세용에서 6~16세용으로 바뀌었다. 그래서 문항 난이도와 유형에서 꽤 중요한 수정이 필요했다. 이런 많은 수정이 FE 해석과 관련이 있는 유사성 하위검사와 그 외 하위검사에 있었다(Kaufman, 1990, 2010). 둘째, 구버전에서 사용된 언어들을 나이 어린 아동과 문화적으로 불리한 아동들이 잘못 이해해서 낮은 점수가 나온다고 지적하는 연구 결과를 반영하기 위해 개정판에서는 유사성 하위검사 문제를 쉬운 단어로 바꾸었다. 셋째, WISC로 검사를 실시할 때는 아동들에게 추상적인 답이 구체적인 답보다 유리하다거나, 어떤 문항을 해결하는 속도가 점수에 계산된다는 피드백을 주지 않았으며, WISC-R에서는 그렇게 바뀌었다. 마지막으로 WISC-R은 피험자들에게 그들이 분명한 반응을 하기 위해 언제 그리고 어떻게 검사관에게 질문할 수 있는지 명시적으로 분명한 지침을 제공했다. 이것은 WISC-R 점수가 아동의 추상적인 사고 능력을 아마도 더 정확하게 반영한다는 것을 의미한다.

Kaufman은 또한 웩슬러 성인용 지능검사(WAIS, Wechsler, 1955)에서도 중요한 변화를 확인했다. 이 변화는 너무 중요하기 때문에 "1947년 검사 점수와 비교하여 1972년 검사 점수의 차이를 상승한 것으로 해석하는 것은 불가능한데도 불구하고, Flynn(2007)은 바로 그렇게 해석했던 것이다"(2010, p. 385). 대부분의 외국에서 출판된 WISC와 WAIS도 미국판을 거의 그대로 따라 했기 때문에(그 특별한 문화적 상황에 적합하도록 문항 내용을 조정하기보다는 문항을 그대로 직역을 해서), 미국 자료에서 확인된 문제들이 국제적으로도 마찬가지로 나타났다(van de Vijver, Mylonas, Pavlopoulos, & Georgas, 2003 참조).

Kaufman(2010)은 또한 Raven(1938, 2000) 누적행렬 검사에서 얻은 점수 상승에 대한 자료를 사용한 Flynn(1999, 2007, 2009)의 주장에 대하여 Raven 검사 유형의 문항들은 이전 세대의 피검사자들에게는 완전히 낯선 것이었지만 이제는 더 이상 그렇지 않다고 지적하면서 반박했다. 'Raven 행렬검사'라고 입력하고 잠깐 웹을 검색하면 바로 나오듯이, 비슷한 문항들을 포함하고 있는 책과 웹사이트들이 너무 많다. Raven 검사 문항과 그와 비슷한 유형의 문항들이 현재 심리학자가 아닌 사람들에 의해서도 상당히 자주 진단용으로 사용되고 있다. 그것은 그 문항들이 웩슬러 검사 문항(American Psychological Association, 2002)같이 전문적이고 윤리적인 제한 속에 보호되지 않고 있어서, 후세대 사람들이 그것들을 훈련할 수 있고 또한 훈련하고 있다는 것을 의미한다. 따라서 Kaufman은 유동성 지능이 증가했다는 주장은 실제로는 검사에 대한 익숙함과 연습 효과 때문이 아닌가 하는 의문을 제기했다.

재반박 논문에서 Flynn(2010)은 그의 연구방법에서 WISC와 WAIS에서의 변화를 고려했다고 주장했으며, 그는 책과 인터넷에서 Raven 유형의 문항을 쉽게 접한다는 점에 대해서 반박했다. 그가 서점에서 직접 조사한 바에 의하면 대부분의 수수께끼 책들에 Raven 유형과 비슷한 문항이 포함되어 있다고 하더라도 아주 적다고 했다. 그 밖에 그는 많은 책들이 WISC에 나오는 그림 완성하기, 정보, 어휘 하위검사들과 비슷한 문항을 포함하고 있는 것을 발견했다. 결과적으로 만일 사람들이 연습을 한다면 다른 IQ 검사도 연습을 하기 때문에 Raven 검사만 이 비판의 대상으로 이야기해서는 안 된다는 것이다. 그는 검사에 대한 익숙함과 연습 효과가 사람들이 일반적으로 수수께끼와 익숙하기 때문에 문제가 될 수 있다고 인정했지만, 이것은 Raven 점수에서 얻은 상승점수의 약 25%만 설명한다고 주장했다. 만일 시간에 걸친 누적된 연습 효과의 영향이 최대 6점(Jensen이 제안하듯이, 1980)이 된다면 FE는 감소한다. 그러므로 연습 효과를 계산하면, 예를 들어 1952년과 1982년 사이에 18세 네델란드인의 증가점수인 21점은 15점으로(Flynn, 1987), 1942년과 1992년 사이의 영국 성인의 증가점수인 27점은 21점으로 감소하게 된다(Flynn, 1998). 연습 효과를 고려하더라도 IQ 상승은 여전히 크다.

플린 효과와 특별한 집단

FE는 성장과 변화를 위한 인간의 능력에 관심을 가지고 있는 심리학자들과 그 외 사람들이 가지고 있는 지적 관심사인 복잡하고 다양한 측면을 가지고 있는 현상이다. 하지만 연구는 순수한 학문적 관심을 넘어섰다. FE는 어떤 집단과 특별한 관련성을 가지고 있으며, 법조계에서는 그것의 함의를 조심스럽게 탐색하고 그리고 논의하고 있다. Cecil Reynolds가 지적하듯이 관찰된 IQ 점수를 FE를 고려하여 조정할 것인가 하는 결정은 '심리학에서 거의 다루지 않는 함의를 가지는 극히 심각한 문제'가 되었다(Kaugman & Weiss, 2010, p. 380). 여기에서는 그런 극히 심각한 함의에 대해서 살펴볼 것이다.

특수교육 서비스를 받는 학생들

FE는 특수교육 서비스를 받을 자격을 인정하는 진단을 받은 학생들에게 특별한 관련성이 있다(Ceci & Kanaya, 2010). 일반적으로 특수교육 학생들에게는 3년마다 IQ 검사를 실시한다. FE는 이 시나리오에 두 가지 문제점을 제안한다. 첫째, 만일 매번 같은 검사 규준을 사용한다면, 한 아동의 IQ 점수는 시간이 흐르면서 점차적으로 증가할 것이며, 그 아동이 교육 서비스를 더 이상 받을 필요가 없다는 것을 의미할 수 있다. 대신에 만일 새로운 규준이 재검사에서 사용된다면, 그 아동의 IQ 점수는 떨어지기가 쉽고, 그 아동이 실제로 능력이 뒤처지고 있다는 잘못된 인상을 줄 수 있다(Ceci & Kanaya, 2010). 그에 대한 확실한 근거로 Kanaya, Scullin과 Ceci(2003)의 연구에서 WISC-R 대신에 더 새로운 WISC−III을 사용했을 때, 정신지체로 진단받은 아동의 수가 거의 세배가 되는 것을 발견했다. 물론 지적 장애를 과하게 진단하면 학교가 부담하는 비용이 증가하고 교육 연한을 넘어서까지 지속될 수 있는 사회적 낙인이 있을 수 있다(Ceci & Kanaya, 2010; Mercer, 1973 또한 참조).

FE의 영향력을 최소화하기 위해 Flynn(2007)은 오래된 검사 규준을 사용할 때에 피검자의 점수에서 규준이 만들어진 해로부터 매년 0.30점을 줄여서 수정할 것을 제안했다. 흔히 플린 수정이라고 부르는 이 방법은 많은 임상가, 연구자와 법률 당국에 의한 지지를 받았으며(Kaugman, 2009; 2010 참조) 미국 지적발달장애협회의 승인을 얻었다(AAIDD; Schalock et al., 2010).

사형제도

Atkins v. Virginia(2002)는 미국 수정헌법 8조에서 잔인하고 비정상적인 처벌을 금하고 있기 때문에 유죄판결을 받은 정신지체자[3]는 사형에 처할 수 없다고 규정하고 있다. 따라서 사형에 처하는 살인 사건에 대한 선고를 할 때 관찰된 IQ 점수를 조정하기 위해 플린 수정 공식을 적용할 것인가 혹은 적용하지 않을 것인가가 문제가 된다(Fletcher, Stuebing, & Hughes, 1010; Flynn, 2006; Kaufman, 2009; Kaufman & Weiss, 2010). 사형에 처해야 할 살인 사건에서는 판결의 중대성이 크기 때문에 어김없이 FE가 증거 자료에 사용된다. 사실 몇몇 법정 사건은 피고의 IQ를 결정하는 데 FE가 고려되어야만 한다고 규정하고 있다(Flynn, 2007). 일반적으로 지적 장애를 결정하기 위한 절차는 임상가 판단, 적응 기능, 관찰된 IQ 점수, 측정 오류와 같은 것들을 고려하는 복잡한 과정이다. 하지만 법률 사건에서 상대 전문가들이 다양한 증거 자료의 유의미성에 대해 종종 불일치하기 때문에 많은 법정 사건에서 결정은 (a) 부족한 적응 기능과 (b) 관찰된 70~75 IQ 점수로 축소되는 경우가 많다(Flynn, 2006). 관찰된 점수가 경계선상에 있으면 FE가 종신형과 사형 간의 차이를 의미할 수 있다. 20년 전 규준을 가지고 있는 검사에서 IQ 점수가 73점으로 나온 유죄 판결을 받은 한 범인의 사례를 생각해 보라. 만일 그 법정이 지적 장애에 대하여 가장 엄격한 가이드라인 70점을 사용하고 있다면 이 사람은 사형에 처해질 수 있다. 하지만 FE에 따르면 이 사람이 최근에 나온 규준을 사용하여 재검사를 받을 경우에 받을 수 있는 점수보다 이 점수는 6점이 높은 점수다. 플린 수정 계산법을 적용하면 새로운 점수 67

점이 되고, 그 피고인을 안전하게 경계선 아래에 위치하게 하고 따라서 그의 생명을 구할 수 있다(Kaugman & Weiss, 2010).

FE 적용에 대한 전문적인 증언을 듣기 위해 종종 유명한 심리학자들을 법정에 불러들인다(Flynn, 2006; Kaufman, 2009 참조). 검사를 매년 재규준화하는 것은 현실적으로 불가능하기 때문에 많은 사람들은 특정한 피고에 대한 적절한 규준 집단을 찾기 위해 항상 플린 수정을 사용해야 한다고 주장한다. Fletcher 외(2010)가 말하듯이 "소아과 의사가 한 아동의 키나 몸무게의 백분위 등수를 평가하기 위해서 다른 나라나 다른 시대의 키/몸무게 차트를 사용하는 것을 우리는 기대하지 않을 것이다"(p. 470). 하지만 모든 전문가들이 이 비유에 동의하는 것은 아니다. 최근의 FE 연구는 플린 수정의 사용에 대한 조심성을 일깨우는 새로운 정보를 제공하고 있다.

Zhou, Zhu와 Weiss(2010)에 의한 조사는 FE의 크기는 피검사자 개인의 능력 수준에 따라 다르다는 것을 보여준다. 그러므로 모든 능력 수준에 대하여 같은 플린 수정(규준이 만들어진 해를 기준으로 매년 0.30점 낮게)을 적용한다면 체계적으로 IQ를 더 높게 혹은 더 낮게 추정하는 결과가 될 것이다. 불행하게도 그 연구자들에 의한 다른 통계분석을 적용한 연구에서는 반대되는 결과로 나타나서, 이 연구에서는 관찰된 IQ 점수가 낮은 집단, 평균 집단, 혹은 높은 집단 중 어느 집단에서 FE 변화가 더 크게 나타나는지 알 수가 없다. 그 질문에 대한 답을 얻기 위해서는 더 많은 연구가 필요하다. 현재로서는 신중을 기하기 위해서는 사형에 처해야 할 살인 사건이나 특수교육과 같은 특별한 서비스를 받기 위해 IQ 70 이하 기준이 요구되는 상황에서는 1년에 0.30점 규칙을 사용하는 것이 적절하다고 Flynn(2010)은 주장한다.

Hagan, Drogin과 Guilmette(2010)는 이 결론에 동의하지 않고, 획득한 점수를 가지고 플린 수정을 하는 것보다는 그 획득한 점수를 사용하고 그것의 타당성에 영향을 미칠 수 있는 요인들을 설명하는 것이 더 좋다고 주장한다. 그 이유는 FE의 크기는 문헌에서 살펴보면 연령 집단, 능력 수준, 사용된 검사의 종류에 따라 변하는 '움직이는 목표물'과 같기 때문이라고 그들은 주장한다(pp. 474-475). 한 특정한 개인에 대한 FE의 정확한 크기를 알 수 없기 때문에 지능을 수정할 때 일반적인 공식을 적용하는 것은 부적절하다. 하지만 Reynolds, Niland, Wright와 Rosenn(2010, p. 270)은 이에 반박하고 "심리학에서 거의 모든 효과는 종합한 자료와 집단을 기반으로 하며 집단으로부터 개인의 확률을 추정한다."는 것을 우리에게 상기시켜 준다. 이 연구자가 주장하는 핵심은 "어떤 사람의 생명이라도 IQ 검사가 언제 규준화되었는가에 의존해서는 안 된다."는 것이다(Reynolds et al., 2010, p. 480).

자연 대 양육

직사각형의 넓이에서 가로가 더 중요할까 세로가 더 중요할까?(Meaney, 2001 참조) 이 문제가 어렵다면 또 다른 문제를 풀어 보자. 인간 지능에서 자연이 더 중요할까 양육이 더 중요할까? 이 두 문제는 같은 답을 가지고 있을 수 있다. 더 읽어 보면서 그 이유를 찾아 보자.

플린 효과(FE)의 원인과 의미를 둘러싼 논쟁은 인간 지능 발달에서 자연과 양육의 상대적인 중요성에 대한 바로 그 오래된 논쟁이 지금 다시 살아난 것이다. 1장에서 '자연 대 양육' 논쟁이 매우 오래된 역사가 있다는 알게 되었을 것이다. 플라톤도 소크라테스가 등장하는 대화에서 명확한 대답을 하려고 시도했으나 실패했다. 그 이후로 그 논쟁은 여러 가지 형태를 취했다. 이미 보았듯이 Goddard와 Galton과 같은 초기에 영향을 미친 학자들은 극단적인 유전론자를 대표한다. 이 관점은 태어나자마자 따로 키워진 일란성 쌍둥이의 IQ 점수가 놀랍도록 높은 상관을 나타내는 것을 보여주는 일련의 논문이 영국의 유명한 심리학자 Cyril Burt 경(1883~1971)에 의해 발표된 20세기 중반에 지지를 받았으며, 그 논문들은 쌍둥이들이 각자 다르게 경험했던 환경이 그들의 지적 능력에 거의 영향을 미치지 못하는 강력한 증거를 보여주었다(예 : Burt, 1966). 이것은 만일 Burt의 연구방법을 의심한 미국의 심리학자 Leon Kamin(1927년 출생)과 다른 비평가들이 없었다면, 최소한 얼마 동안은 그 이슈를 정리했을 것이다. 그 이후에 분석된 결과에 의하면 Burt가 자료를 조작했을 것이라는 보고도 있고(Kamin, 1974 참조) ⋯혹은 그가 조작하지 않았을 것이라는 보고도 있다(Mackintosh, 1995 참조).

그럼에도 불구하고 Burt의 자료를 비롯하여 쌍둥이 연구, 입양 부모 연구, 행동유전학 연구들은 지능이 최소한 부분적으로 — 아마 더 큰 부분이 — 유전적으로 물려받는다는 아이디어에 대한 실증적인 튼튼한 지지를 제공했다. 지적 능력을 추정하는 유전 가능성(특수한 모집단이 가지고 있는 어떤 특성의 원인이 유전이라고 설명할 수 있는 그 변산의 비율을 기술하는 통계학)은 일반적으로 40~60%라고 타당성을 인정받는 연구들이 보고한다(Mandelman & Grigrorenko, 2011 참조). 이것은 높은 지능을 가지기 위한 한 가지 방법은 좋은 부모를 선택하는 것이라는 것을 의미한다.

물론 유전자가 전부는 아니다. 행동주의자인 John B. Watson(1978~1958)과 같은 몇몇 초기 연구자들은 단호한 행동주의 입장을 취하면서 지능을 조성하는 데 있어서 환경의 우위성을 강력하게 주장했다. Watson에 의한 다음의 유명한 말은 이 관점을 잘 보여준다.

> 12명의 건강하고 정상적인 아이를 나에게 주고 그 아이들을 기르기 위해 내가 요구하는 환경을 제공해 준다면 그들 중 임의로 누구를 선택하든 그 아이의 재능, 취미, 경향성, 능력, 천직, 조상의 인종에 관계없이 의사든 법률가든 예술가든 그 어떤 유형의 전문가가 될 수 있도록 훈련시키는 것이 가능하다.(Watson, 1930, p. 82)

Watson의 관점을 지지하는 21세기 학자는 거의 없겠지만[4] 행동유전학 연구는 환경이 지능을 결정하는 데 핵심 역할을 한다는 아이디어를 지지하는 증거를 제공하고 있다. 예를 들어, 다양한 연구들이 IQ 점수는 부분적으로 공유된 가족 환경, 사회경제적 지위, 교육, 그리고 영양상태에 원인이 있다는 것을 보여준다(Mackintosh, 2011; Nisbett et al. 2012; Schaie, 1994, 2005; Staff et al., 2012 참조). 지능 발달에 있어서 환경적 지지의 역할은 교육과 양육태도를 위한 중요한 시사점을 가지고 있으며, 초기 중재 프로그램에 대한 한 가지 실증적 근거를 제공한다. 좋은 부모를 선택하는 것이 전부는 아니다.

그러나 궁극적으로는 우리가 지능에 대하여 자연이 더 중요한가 혹은 양육이 더 중요한가 말해 주는 것은 불가능하지는 않다고 하더라도 매우 어렵다. 그 복잡한 논의를 하는 것은 이 책의 범위를 훨씬 넘어서는 문제다. 우리는 당신이 '자연 대 양육(nature versus nurture)'이라는 논쟁의 개념으로 이해하는 것에서 벗어나서, '자연과 양육의 소통(nature via nurture)'로 생각하는 것이 더 좋다고 생각한다(Ridley, 2003 참조; Blair & Raver, 2012; Bronfenbrenner & Ceci, 1994 또한 참조). 자연과 양육 모두가 지능 발달에 영향을 미치며, 자연과 양육은 서로 순환적으로 영향을 미친다. 사각형의 넓이를 계산할 때 가로 대 세로의 중요성을 실제로 구분해서 생각할 수 없다. 그렇지 않은가?

FE에 대해서도 마찬가지다. FE의 원인과 결과에 대한 탐구는 관찰된 IQ 점수의 증가가 실제로 인간 지능이 증가한 것을 말해주는가에 대하여 밝히고, 증가한 원인을 찾아내고, 증가하고 있는 지능의 시사점을 사회가 탐색하는 데 도움이 될 것이다. 이 시사점들은 이미 특수교육 서비스를 받는 학생들과 과중 범죄자들에 적용되는 결과를 이미 보여주었다. 만일 지속적이고 전 세계적으로 IQ가 증가하고 있는 것이 실제로 인간 지능이 증가하고 있는 것으로 밝혀진다면 우리 인간의 미래를 위한 더 큰 시사점을 찾을 수 있을 것이다.

정리

- FE에 대하여 Flynn이 설명한 양육 효과(과학 기술에 노출된 결과로 사회가 추상적 사고를 지향하는 쪽으로 사회가 변했기 때문이라는 설명)는 그가 제안한 만큼의 실증적인 지지를 받지 못했다.
- 많은 학자들은 FE에 대하여 좋아진 영양상태, 건강상태의 향상, 교육, 일반 환경, 혹은 유전자를 포함하는 대안적인 설명을 내놓는다.
- 어떤 연구자들은 FE를 통계학적인 혹은 수학적인 가공물이고 실제로는 어떠한 지능 증가도 나타내는 것이 아니라고 주장한다.
- 지적 능력에 대한 유전 가능성은 약 40~60%로 추정된다.
- 자연 대 양육보다는 자연과 양육의 소통으로 생각하는 것이 더 좋다.

미주

1 관찰자들은 처음으로 이 현상을 관찰한 사람이 Flynn이 아닐 수도 있다고 지적했지만(예 : Thorndike, 1977), 여러 나라에서의 많은 자료들을 체계적으로 살펴보고 여러 표본의 점수들이 증가하는 패턴을 연구한 학자는 Flynn인 것으로 보인다.

2 Alan S. Kaufman은 심리학 101 시리즈 중 한 권인 IQ 검사 101(2009)에서 규준화 절차에 대하여 매우 상세하게 설명하고 있다. 규준화 절차에 대하여 더 관심이 있는 독자들은 그의 책을 참고하시오.

3 정신지체자는 지적 장애 혹은 발달 장애를 가지고 있는 사람을 지칭하는 새로운 의미가 아니라 *Atkins v. Virginia*에서 사용된 용어다.

4 Watson 자신도 100% 행동주의 관점을 지지하는 것은 아니다. 사람들

이 이 글을 인용할 때 그들은 다음에 나오는 "나는 사실 좀 지나쳤다는 것을 인정한다. 하지만 그 반대를 주장하는 사람들도 마찬가지로 수천 년 넘도록 그렇게 하고 있다."(p. 82)라는 글은 생략한다.

지능 101

S

지능과 인종의 관계에 대해
간단하게 살펴보기

이 장은 우리가 원해서 쓴 것이 아니다. 그렇다면 왜 써서 독자들로 하여금 읽게 만드느냐고 질문할 수 있을 것이다. 답은 편집자가 원해서다![1] 하지만 실제로 우리가 인종과 지능에 대해 쓰려고 하지 않는 데는 이유가 있었다. 가장 중요한 첫째 이유는 지능 이론의 많은 논쟁적 측면이 인종과 연결되어 있어 넓은 지능 개념을 많은 사람들에게 유독 한 가지 주제로 인식시키기 때문이다. 처음에 우리는 인종과 지능 간의 추악한 역사적 관계를 더 이상 강화하지 않기 위해서 지능에서 인종의 이슈에 초점을 맞추지 않으려고 생각했다. 가장 갈등적인 측면을 다루지 않고서도 지능에 대한 매력적이고 자극적인 주제들이 많은데 왜 다른 곳으로 주의를 돌리겠는가?[2]

또 하나 더 이기적인 이유는 인종주의는 학자가 감당하기 어려운 주제다. 부분적으로는 인종에 대한 거의 모든 논의가 감정적이기 때문에 애매하게 말을 하거나 글을 써서 오해의 소지를 남길 확률이 매우 높다는 것이다. 우리 경험으로 보면 상황이 감정적으로 되면 개인적인 문제가 되고, 개인적인 문제가 되면 우리가 해야 할 냉정한 분석은 보통 사라진다.

간접적으로만 인종에 대해 다루겠다는 우리의 의견에 대해 편집자들이 우리에게 재고할 것을 제안했을 때 이 책의 첫 번째 저자(Jonathan)는 1년 전에 유명한 학자인 Donna Ford와 그가 나누었던 이야기를 기억했다. 그는 밴더빌트대학교 교수로 오랫동안 우리 교육 시스템과 사회 속에서 많은 학생들이 직면하고 있는 인종차별주의에 대한 관심을 촉구하고 있었다. 정책 결정자들을 위한 모임에서 Jonathan과 함께 패널로 이야기를 한 후에 그녀는 그에게 "당신은 인종에 대해서 계속 이야기해야 합니다. 사람들은 이 이슈에 대하여 당신의 목소리를 들을 필요가 있어요." 라고 말했다. 그는 "하지만 Donna, 백인 남자인 나에게 그것은 매우 불편한 일입니다. 내가 백인 녀석이기 때문에 내 말이 와전되거나 사람들이 내가 현실을 이해하지 못한다고 말할까 봐 걱정됩니다. 그리고 나는 바로 백인 녀석이니까요."라고 답했다. 유머 감각이 대단한 Donna는 머뭇하다가 눈을 가늘게 뜨고서는 "맞아요, 당신 말대로일 거예요. 하지만 노력하지 않겠다는 의미는 아니겠지요."라고 말했다. 그리고 잠시 그를 위아래로 훑어 본 후에 "당신은 정말 정말 하얀 백인이군요."라고 그녀는 말했다. Ford 교수는 정곡을 찔렀다.

이제 인종에 대해서 이야기해보자.

그 주제에 대한 감정적인 측면은 잠시 제쳐둔다면, 학자들이 그 이슈를 복잡하게 생각하는 것은 부분적으로는 자초한 일이다. 그들은 인종과 문화에 관련하여 종종 자신의 생각을 분명하게 말하지 않고 애매하게 표현할 때가 많다. 바로 유명한 지리학자 Jared Dimond가 그렇다. 그의 퓰리처 수상 작품인 총, 균, 쇠(Guns, Germs and Steel)에서 그는 왜 인간 사회들이 다른가에 대해서 다음과 같이 말한다.

아마도 가장 일반적인 이유는 사람들 간의 생물학적 차이일 것이다. …오늘날 일부 서양 사회는 공개적으로 인종차별주의를 반대한다. 하지만 많은(아마도 대부분!) 서양인들은 비공개적으로 혹은 잠재적으로 [이런] 인종차별적인 원인을 여전히 인정한다. …그런 인종차별주의적인 설명에 반대하는 이유는 단지 역겹기 때문이 아니라 옳지 않기 때문이다. (Diamond, 1999, pp. 18-19)

좋다. 분명히 그는 '자연'을 주장하는 사람은 아니다! 다른 편을 인종차별주의자라고 비난하는 것은 거칠지만 그의 이론적 관점에서는 이해할 수 있는 일이며, 그의 기본적인 관찰에 대해 이의를 제기하기도 어렵다. 그러나 그는 그 후 "사실… 시대에 뒤처진 현대인이 아마도 평균적으로 산업화 시대 사람들보다 더 똑똑하거나 적어도 덜 똑똑하지는 않을 것"(p. 19)이라고 말함으로써 그가 주장하는 핵심 골자를 빼버린다. 그는 계속해서 이 주장을 몇 번 더 반복한다. 책의 끝부분에서 그는 장기간에 걸친 사회 발달의 차이는 원래 타고난 차이가 아니라 환경적 요인 때문에 나타나는 것이라고 분명하게 지적한다. 그러나 사회에 따라 지능에 차이가 있다는 제안까지 함으로써 그가 종지부를 찍으려고 한 논쟁에 오히려 불씨를 지폈다. 두 걸음 전진에 한 걸음 후퇴한 것과 마찬가지다.

앞 장들에서 19세기 후반과 20세기 초에 지능의 이론과 연구를 우생학에 적용한 것에 대해 논의했다. 비록 이런 위험한 사건이 곧 사라졌다고 생각하고 싶지만,[3] 지능, 인종, 성별에 대한 갈등은 1994년 종곡선이 출판되고 2013년 Richwine 사건이 일어난 것과 같이 한두 세대에 한 번

씩 사회적 물의를 일으킨다.[4] 수십 년간 연구자들과 이론가들은 암시적으로 혹은 직접적으로 유색인종, 여성, 가난한 사람, 교육을 받지 못한 사람, 장애인, 아일랜드인, 그 외 많은 집단이 다른 집단보다 덜 똑똑하다고 언급했으며 그것에 대한 다소 심한 개선책을 제시하기도 했다(그것들 중 대부분은 낮은 지능의 원인이 선천적이라고 가정했다). 이 책을 통해 우리가 주장하듯이 지능을 공부하는 학생들은 역사적 상황을 반드시 고려해야 한다. 그러나 그것은 쌍무적인 것으로 사람들이 지능이라는 단어에 발끈할 때에도 역사적 상황을 염두에 두어야 한다. 부모들이 자녀가 지능검사를 받는 것에 반대할 때 심리학자와 교사는 그들의 우려에 대해 민감해야 한다. 직접적으로 경험하지 않았더라도 그들도 그들의 조부모나 부모로부터 인종차별, 성차별, 계급차별, 그 외 교육이나 서비스와 관련한 편견에 대한 이야기를 종종 들었다.

기본적으로 답을 해야 하는 두 가지 질문은 다음과 같다.

1. 지능검사로 지능을 측정하면 인구 집단 간의 차이가 점수로 나타나는가?
2. 만일 그렇다면 그 차이가 나는 이유는 유전적인 것인가 아니면 환경적인 것인가?

첫 번째 질문에 대한 답은 일반적으로 '예'이다. 문화적 편견이 없거나 문화적으로 공평한 검사들을 사용한 연구들에서도 인구통계학적 차이가 있는 것으로 나타난다. 하지만 두 번째 질문은 100년이 넘도록 뜨

겹게 논의되고 있으며 곧 사그라질 것 같아 보이지 않는다. 이런 가운데 Hunt(2012)는 많은 증거 자료에 기반한 공평한 입장에서 다음과 같이 요약하고 있다.

어떤 심리학자들은 인종이나 민족 간 [일반적인 인지 능력]의 차이는 유전적인 것에 큰 원인이 있다는 관점을 가지고 있다… 유전적 가설을 가장 소리 높여 외치는 두 사람은 "유전적 요인과 문화적 요인은 성인의 IQ 개인차에서 유전 80%와 환경 20%의 원인이 있듯이 흑인과 백인의 평균 IQ 차이도 마찬가지 영향을 받는다."고 말한다(Rushton & Jensen, 2005, p. 279). 유전적 가설에 대한 한 반대자도 그 증거를 조사하고 "IQ에서의 인종 차이에 대하여 유전자가 전혀 역할을 하지 않는다고 우리는 확신할 수 있다"(Nisbettt, 2009, p. 197). 이 두 가지 극단적인 진술은 그 어느 것도 정당화될 수 없다.(p. 302)

따라서 지능검사에서 인종 간 점수의 차이는 존재하지만 그 이유는 알 수 없다(성별이나 사회경제적 지위의 이슈는 잠시 접어두고 인종 간의 차이에만 집중하기로 하자). 그 차이는 유전자 때문인가? 환경적 요인들은 지적 발달에 영향을 미치는가? 검사 문항과 검사를 실시하는 환경에 문화적 편파성이 있는가? 대부분의 연구자들에게 강제적으로 선택하게 한다면 일부는 유전적, 일부는 환경적, 일부는 검사 편향, 대부분은 그중에서도 유전 요인과 환경 요인의 상호작용이 가장 중요하다는 입장을 취할 것이라고 우리는 생각한다. 유전은 인종 혹은 성별 혹은 사회 계급에 따라 다르게 영향을 미치는가? 그럴 수도 있고 아닐 수도 있을 것이다. 대안적 입장을 우리가 하나 제시해 보겠다. 그것은 그 차이의 원인이 무엇인가 하는 것은 최소한 교육적 혹은 정책적 관점에서는 그리 중요하지 않다는 것이다.

만일 Hernnstein과 Murray(1994)가 우리가 그렇게 말하는 것을 듣는다면 대단히 화를 낼 것이다. 그리고 Rushton과 Jensen(2005)도 마찬가지 반응을 할 것이며, 그들은 "집단 간 변이를 포함한 개인 간 변이에서 유전적 성분을 부정하는 것은 과학적이지 않을 뿐만 아니라, 독특한 개인들에게 그리고 복잡한 사회 구조에도 해로울 수 있다."(p. 285)고 대담하게 진술했다. Rushton과 Jensen은 결코 적당하게 공격하는 사람들이 아니지만 잠시 생각해 보자. '인간 변이에 어떤 유전적 요인'이 작용한다는 것을 반박하는 사람은 분명히 거의 없겠지만, 그것을 인종 집단에 일반화하지 않는 것을 과학적이지 않다고 말하는 것은 큰 논리적 비약이다.

논란이 있을 수 있지만 우리는 인종, 성별, 민족, 그 외 인구통계학적 특성 간에 지능 점수의 차이가 존재한다는 것을 반박하지 않을 것이다.[5] Rushton과 Jensen은 흑인과 백인 간에 15점의 차이가 있다고 추정하며 이것은 표준점수 1점에 해당한다.[6] 그것은 솔직히 말해서 큰 차이다. 그 차이가 사실 너무 커서 앞 장에서 언급했던 앨리스 섬 이민자들에 대한 Goddard의 검사 결과가 생각나게 한다. Goddard가 어떤 이민자 집단의 그런 낮은 지능 점수를 발견하고 민족 집단 간의 차이에 대한 유전적 영향을 생각하기 시작했다는 것을 기억해 보라. 집단 차이가 충격적일 정도로 클 때는 과학자의 마음속에 빨간 등이 켜져야 한다.

높은 지능 점수에서의 차이에 대한 최근 연구 결과를 살펴보자. Pluc-ker, Burroughs와 Song(2010)은 높은 성취 점수를 받은 학생들의 비율에서 인종차가 있는지 살펴보기 위해서 전국적인 성취검사 점수를 조사했다.[7] 그들은 백인, 흑인, 히스패닉 학생들 간에 커다란 차이가 있는 것을 발견했다. 예를 들어 2011년 초등학교 4학년 수학 검사에서 백인 학생의 9%가 최상급 점수를 받은 데 비해서 히스패닉은 2%, 흑인은 1%였다. 아마도 더 중요한 것은 1996년의 백인 3%, 흑인 0.1%, 히스패닉 0.2%로 그 차이가 한 세대도 못 되어서 상당히 넓어졌다는 것이다. 이 커다란 학업 성취도의 차이에 대해서 당신은 유전적 요인의 영향 때문에 차이가 생겼다고 생각하는가? 아마도 아닐 것이다. 그리고 더 나아가 2000년과 2003년 사이에 최상급 점수를 받은 백인 초등학교 학생들의 비율이 높아지기 시작한 것에 대해서 그들이 갑자기 유전적 우수성질을 획득하기 시작했다고 보는 것은 사실상 불가능할 것이다. 그러므로 환경적 요인이 아마도 대부분의 관찰된 학업성취 상승의 원인이며, 이 원인을 찾기 위한 주된 전략은 육성에 기반한 해결법임이 분명하다.

결론적으로 말하면 Hunt(2012)가 지적하듯이 집단 간의 차이는 매우 다양한 원인들을 가지고 있을 수 있다. Hunt의 말을 쉽게 예를 들어 설명해 보자. 로테르담(네덜란드 수도)에 있는 우리 친구와 아크라(가나 수도)에 있는 우리 친구는 유전적 차이 때문에 외모가 매우 다르다. 하지만 그들이 사용하는 언어가 다른 것은 아마도 환경적 요인의 영향이 클 것이다. 조금 더 복잡하게 생각하자면 인류가 오랜 기간 진화하는 과정에서 환경의 영향을 받은 결과 결국 유전적 차이가 생기는 것이 아닐까? 이런 차이의 뒤에 숨어 있는 이유를 찾아내는 것은 재미있는 복잡한 과학적 탐색이다. 하지만 결과적인 사실은 우리의 네덜란드 친구와 가나 친구가 모습은 각각 다르지만 서로 영어로 이야기를 한다는 것이다. 우리는 다시 사각형의 넓이를 구하는 문제로 돌아가게 된다.

지능의 유전적 차이 때문에 인종 간의 지능 차이가 존재한다고 주장하는 것은 화염병을 일반인들의 담론에 투척하는 것과 마찬가지다. 그런 주장을 하는 것은 악명을 불러올 수도 있는 일이지만 인종과 지능 관계의 불미스러운 역사에 대해 끔찍하게 무감각하다고 할 수 있으며, 차별이나 나쁜 정책과 행동을 정당화하기 위해 그런 말을 하는 사람들을 부채질하는 일이다(2013년 Richwine 논쟁은 이민 개혁의 문제를 둘러싸고 전개되었다). 결국 인종(혹은 성별, 혹은 사회경제적 지위 등)이 다르기 때문에 지능에 있어서 유전적인 차이가 실제로 존재하는가 하는 문제는 우리의 일상생활과 관련해서는 실제적인 의미가 없다.

정리

- 측정된 지능의 차이는 성별, 인종, 인구학적 특성에 따라 집단 간에 존재한다.
- 이 차이는 '문화적으로 공평한' 지능검사에서도 나타나는 경향이 있다.
- 그 차이가 무엇을 의미하는가에 대해서는 뜨거운 논쟁이 있지만 연구자들 사이에 합의점을 못 찾고 있다.
- 일반적으로 유전 요인의 차이 때문에 지능에 차이가 있다고 볼 수는 있지만, 인종과 민족에까지 확대하는 것은 곤란하다.

• 결론적으로 대부분의 사람들이 지능의 인구학적 차이에 대한 '진짜 이유'를 아는 것은 그리 중요하지 않다.

미주

1 편집자들이 진지하게 요구했다. 하지만 그들이 옳았으며 그 주제를 피할 수 없었다.

2 또 다른 더 실제적인 이유는 Alan Kaufman이 IQ 검사 101에서 그 주제에 대해 종합적으로 그리고 효과적으로 다루고 있기 때문이다.

3 유명한 코미디언인 Louis C. K.가 한 토크쇼에 출연해서 미국인들은 노예제도가 수백 년 전에 있었던 일인 것같이 생각하기를 좋아한다고 했다. 노예제도는 실은 140년 전까지 있었으며 그의 말대로 '70년이 두 번밖에 지나지 않은' 과거다. 법적으로 체계적인 인종차별주의가 최근 1960년대까지 미국에 존재했다는 것을 우리는 잊지 말아야 한다. 현재 살고 있는 미국인들 중 수백만 명이 백인과 유색인종을 '분리하지만 평등하게 한다는(separate but equal)' 법이 적용되던 사회에서 실제로 살았던 사람들이다.

4 Heritage Foundation에 의해 출판된 반이민 보고서의 공동 저자인 Jason Richwine은 하버드대학교에서 백인과 히스패닉 간에 지능의 차이가 있다는 박사학위 논문을 썼던 것이 최근에 밝혀졌다. 예상했듯이 맹렬한 반대에 부딪쳤고 Heritage Foundation조차 그를 멀리했다.

5 어떤 정의와 평가를 사용하느냐에 따라서 반박될 수 없다고 말하는 것은 아니다. 참고할 자료를 예로 들면 D'Amico, Cardaci, Di Nuovo,

and Naglieri, 2012; Naglieri, Rojahn, and Matto, 2007 등이 있다.

6 특히 지적 영재성을 확인하는 상황에서, 비언어성 지능검사의 집단 간 차이가 더 적은지(혹은 존재하지 않는지)에 대한 격렬한 논쟁이 있다. 어떤 학자들은 집단 간 차이가 있다고 말하고(예 : Naglieri & Ford, 2003, 2005), 어떤 학자들은 그 주장이 과장된 것이라고 생각한다(예 : Lohman, 2005). 하지만 미묘한 차이가 있는 새로운 세 번째 입장은 어떤 유형의 비언어성 질문은 인종 무편향적일 수 있으며, 앞으로 비언어성을 평가할 때는 각 유형의 비언어성 문항을 일률적으로 처리해서는 안 된다고 말한다(Lohman & Gambrell, 2012).

7 예를 들어, 미국 교육부의 국가학업성취도평가(National Assessment of Educational Progress)는 검사 수준을 기초학력 이하(Below Basic), 기초학력(Basic), 우수학력(Proficient), 최우수학력(Advanced)으로 구분한다.

지능 101

7

창의성과 영재성

인간 지능에 대한 개론서에서 왜 창의성과 영재성에 대한 내용을 한 장을 할애해서 포함시키느냐고 당신은 의아하게 생각할 것이다. 여기에는 몇 가지 중요한 이유가 있다. 첫째, 심리학에서 논의하는 주제들 중에서 심리학의 강점인 소위 말하는 긍정심리학이 다루어지지 않는 경우가 많다. 첫 번째만큼 중요한 두 번째 이유는, 사람들이 '지적인 사람(intelligent person)'을 생각할 때는 종종 지적 및 창의적 영재성과 연관시켜서 생각하기가 쉽다. 이 책의 앞부분에서 말했듯이 구성개념에 대한 정의가 중요하며, 지능을 창의성이나 지적 영재성과 같은 관련된 구성개념들과 분명하게 구분하는 것이 각 구성개념을 더 잘 이해하는 데 도움이 된다.

　　비슷한 선상에서 사람들은 이 구성개념들 간의 관계를 흥미롭다고 생각하며, 연구자들과 일반 대중은 계속해서 이 구성개념들에 매력을 느끼고 있다. 또한 이 구성개념들은 실제로 서로 관련성이 매우 높아서, 예를 들어 대부분의 주요 영재성 이론들은 지능과 창의성을 다루고 있다. Sternberg와 O'Hara(1999)가 지적하듯이 지능과 창의성의 관계는 "이론적으로 중요하며, 그것들의 관계에 대한 답은 아마도 수많은 아동과 성인들의 삶에 영향을 미친다"(p. 269). 이런 이유들 때문에 이 구성개념들

간의 (잠재적으로) 중첩되는 부분은 교육, 관리, 인적 자원에 대한 많은 실제적인 질문을 하게 한다. 지능이 매우 높은 사람은 창의성이 더 높을까 혹은 더 낮을까? 높은 지능 수준과, 특히 사회적 상호작용에 의한 문제해결 능력과 같은, 사회적 기술 간의 관계는 무엇일까? 지능은 교실, 운동장, 회의실, 그리고 더 넓은 공동체에서의 현실적 성공에 어떤 의미를 가지고 있는가?

지능과 창의성

일반적으로 이 주제에 대한 이론과 연구는 불투명하고 종종 완전히 모순적이다. 예를 들어, 역치 이론은 창의성을 위해 지능은 필요조건이지만 충분조건은 아니라고 하고(Barron, 1969; Yamamoto, 1964a, 1964b), 인증 이론(certification theory)은 사람들이 창의성과 지능을 발휘하도록 해주는 환경적 요인에 초점을 맞추고(Hayes, 1989), 방해 가설(interference hypothesis)은 매우 높은 지능은 창의성을 방해할 수 있다고 제안한다(Simonton, 1994; Sternberg, 1996). 이들은 모두 매우 질 높은 연구들을 현재(그리고 과거에도) 수행하고 있는 연구자들이기 때문에 이런 다른 관점들을 읽고 "뭐야?"라고 반응하는 것은 어쩌면 당연하다.

이 혼란스러운 상황을 분명하게 이해하도록 돕기 위해 Sternberg(1999a)는 지능과 창의성 관계를 연구하는 다양한 관점들을 분류하는 방법을 제안했다. 이것은 우리가 좋아하는 프레임워크인데 그 이유는 우리가 이 책에서 논의하는 구성개념을 정의하는 것이 중요하다는 것을 인정하고 있기 때문이다. Sternberg는 다섯 가지 가능한 관계를 제안한다. 그 다섯 가지는 지능의 하위요인으로서의 창의성, 창의성의 하위요인으로서의 지능, 창의성과 지능의 중첩적 관계, 창의성과 지능의 동일한 관계, 그리고 창의성과 지능의 독립적 관계다. 이제부터 그중 세 가지 유형에 대한 예를 살펴보기로 한다(창의성과 지능의 동일한 관계와 독립적인 관계는 일반적이지 않으며 여기에서도 기술하지 않기로 한다).

창의성은 지능의 하위요인이다

많은 심리측정 이론들은 명시적으로 혹은 암시적으로 창의성을 지능의 일부로 포함시킨다. 창의성을 지능의 하위요인으로 가장 분명하게 보여 주는 것으로는 확산적 사고를 다섯 가지 인지적 조작 중 하나로 포함시키고 있는 Guilford의 지능구조(Structure of the Intellect, SOI) 모델이다. 이 모델은 교육계에 큰 영향을 미쳤으며(Meeker, 1969), Renzulli (1973)는 SOI 모델을 기초로 확산적 사고와 관련한 창의성 교육과정을 개발했다. 이미 1912년에 Henmon은 다음과 같이 관찰하고 지능과 창의성을 직접적으로 관련시켰다.

다른 사람들에 의해 만들어진 지식을 단순히 획득하는 학구적인 사람은 독립적이고, 독창적이고, 생산적인 사고를 하는 사람만큼 높은 수준의 지능을 가지고 있지 못할 수 있지만, 그가 지적이지 않다고는 말하지 않는다. 지능이란 진리와 사실을 발견하는 능력은 물론 그것들을 제대로 인식할 수 있는 능력에 의해 나타난다. (1912/1969, p. 16)

　　Gardner(1993)는 다중 지능(multiple intelligences, MI) 이론을 사용하여 발달과 성질의 각도에서 리더십을 비롯한 다른 구성개념들과 함께 창의성을 연구했으며, 창의성이 MI 이론의 한 하위요인이라고 암시적으로 제안했다. 5장에서 논의한 Cattell-Horn-Carroll(CHC) 이론은 Cattell-Horn의 유동성과 결정성 지능 이론(Horn & Cattell, 1966a, 1967; Horn & Noll, 1997)과 Carroll(1993)의 3층 이론을 혼합한 것으로, 장기저장 성분과 정보인출(Glr) 성분으로 창의성과 독창성을 포함한다.

지능은 창의성의 하위요인이다

반대로 어떤 연구자들은 지능을 창의성의 일부로 가정한다. 지능 이론들 속에서 이 관점이 주류는 아니지만(놀라운 일은 아니다!), 최근 창의성 이론들 중에서 지능과 지식의 역할을 강조하는 Sternberg와 Lubart(1995)의 투자 이론과 그리고 영역 특수적 지적 능력과 영역 일반적 지적 능력을 포함하는 Amabile(1996)의 성분적 이론이 대표적인 예다.

지능과 창의성은 중첩된다

Sternberg가 제안한 지능과 창의성의 관계에 대한 다섯 가지 중 세 번째 관계는 지능과 창의성을 중첩되지만 별개의 것으로 개념화한다. Renzulli(1978)의 영재성의 세 고리 개념은 영재성을 높은 수준의 창의적 생산성이라고 암시하면서 높은 지적 능력, 창의성, 과제집착력의 중첩되는 부분에서 나온다고 주장한다. 이 관점에서 보면 창의성과 지능은 독립적인 구성개념이지만 상당히 중첩된다. 마찬가지로 PASS 이론에서 계획 능력의 개념은 창의성과 중첩되는 것으로 보인다(Naglieri & Kaufman, 2001). 그리고 Plucker, Beghetto와 Dow(2004)는 창의성과 지능을 관련이 있지만 독립적이라고 보면서 창의성을 "개인이나 집단이 적성, 과정, 환경의 상호작용에 의해 그 사회적 상황 속에서 새롭고 유용하다고 판단되는 인지할 수 있는 산출물을 생산하는 것"(p. 90)으로 정의 내렸다.

역치 이론. 전통적인 연구에서는 IQ와 창의성 간에 IQ 120까지는 보통의 정적 상관이 있고 IQ 120 이상이 되면 상관이 거의 없다는 역치 이론을 주장했다(예 : Fuchs-Beauchamp, Karnes, & Johnson, 1993; Getzels & Jackson, 1962). Sternberg는 이 관점을 '지능과 창의성의 중첩' 카테고리에 포함시켰다. 이 관점은 창의성, 지능, 영재성에 대한 관습적인 지혜로 생각될 정도로 일반적이다.

   이렇게 널리 퍼져 있는 믿음에 한 가지 작은 문제가 있는데 그것은 그렇지 않을 수 있다는 점이다. 몇몇 실증적 연구는 IQ 120보다 높은 혹은 낮은 그 어떤 역치가 존재하느냐 하는 의문을 제기한다(Kim, 2005; Preckel, Holling, & Weise, 2006). 하지만 이런 연구들은 집단 지능검사를 사용하거나 오래된 지능검사를 사용한 경우가 많다. 예를 들어, 몇몇 이전 연구에서 얻은 자료를 재분석한 Kim(2005)은 30년 이상 된 연구들에서 얻은 자료를 사용했는데 그런 연구에서 사용된 지능검사는 최근의 이론을 반영하지 않는 것이다. 다른 연구들에서는 창의성을 다소 좁게 정의하고 있어서 제시된 한 자극에 대하여 여러 가지 아이디어를 생성하는 능력을 의미하는 확산적 사고로 보았다.[1]

다행히도 연구자들은 재미있는 결과를 가지고 이 제한점에 대해 언급하기 시작했다. 예를 들어, Sligh, Conners와 Roskos-Ewoldsen(2005)는 최근 지능검사인 Kaufman 청소년과 성인용 지능 척도(Kaufman & Kaufman, 1993)를 사용한 지능 점수를 가지고 창의적 혁신점수와의 관계를 조사했다. 그들은 결정성 지능(Gc)와 유동성 지능(Gf) 모두를 측정했으며, 그 결과 결정성 지능(Gc)과 창의성 간에 보통의 정적 상관이 있는 것으로 나타났다(이전 연구 결과와 비슷한). 그러나 IQ가 높은 집단에서는 지능과 창의성이 유의미한 상관이 있었지만, IQ가 보통인 집단에서는 지능과 창의성 간에 유의미한 상관이 없는 것으로 나타났다. 이것은 역치 이론이 예측하는 패턴과는 반대되는 결과다.

매우 다른 모집단을 대상으로 한 비슷한 연구에서도 비슷한 결과가 나타났다. 수학능력이 조숙한 청년들에 대한 연구(Study of Mathematically Precocious Youth)는 한 집단의 학생들을 후기 아동기/초기 청소년기부터 성인기까지 추적했다. 이 학생들은 모두 13세 이전에 대학 입학시험 상위 1%의 점수를 받은 매우 똑똑한 집단이다. Park, Lubinski와 Benbow(2007, 2008)는 이 매우 지적인 집단에서 지적 재능이 교육 성취와 높은 상관이 있는 것을 발견했다. 이 결과 자체가 놀라운 것이 아니라 그들이 발견한 놀라운 결과는 성인기의 창의적 성취(예 : 특허, 출판, 수상)가 또한 지능과 상관이 있는 것이었다. 이전 연구의 제한점을 지적하는 연구들에서 나타나는 이런 결과는 역치 효과에 대한 심각한 의문을 제기하고 있다.

최근 Beaty와 Silvia(2012)에 의한 연구는 이런 결과에 작용하는 메커니즘에 대한 통찰을 제공한다. 그들은 대학생들에게 표준화 확산적 사고 검사를 10분 동안 실시했다. 이전 연구 결과와 마찬가지로 그 연구 결과는 시간이 경과하면서 학생들은 더 창의적인 아이디어를 보고했다. 그런데 놀랍게도 함께 측정한 유동성 지능(Gf) 점수가 높을수록 창의성–시간 곡선이 더 평평한 기울기를 나타냈다. 다시 말해서 그 집단에서 가장 지능이 높은 학생들은 시간이 경과하면서 더 창의적인 아이디어를 내놓는 것이 아니라, 시작부터 10분이 끝날 때까지 비슷한 수준의 창의적인 아이디어를 내놓았다. 그 집단에서 덜 지적인 학생들은 시간이 흐르면서 분명히 더 창의적인 것을 내놓음으로써 점점 더 가파른 기울기를 나타냈다. 이 연구는 높은 수준의 지능에서도 지능과 창의성은 상관이 있다는 최근의 연구 결과를 지지할 수 있는 흥미 있는 인지적 근거를 제시하며, 인지적 스키마(예 : 뇌 속에 지식을 조직하는 방식)를 활성화시키면서 정보를 인출하고 조작하고 연합하는 집행 과정들의 조합이 바로 그 아래에 있는 메커니즘이라고 한다.

지능과 영재성

지능과 창의성의 관계와 마찬가지로 지능과 영재성 간의 관계도 상당한 관심을 받았다. 거의 모든 영재교육 프로그램은 참가할 영재를 확인하기 위한 형식적인 평가 절차를 가지고 있으며, 이 확인 시스템에는 종합검사에 창의성 검사가 포함되어 있는 경우가 많다.

예를 들어, 지역 교육청의 영재성 확인 시스템에 대한 한 종합적인 연구에서 Hunsaker, Adams, Moore와 Bland(1995)는 "일반적인 지적 능력이 가장 널리 채택되는 구성개념이다… 집단 지능검사가 여전히 가장 널리 사용되는 평가도구이고 개인 지능검사는 보조 검사도구로 사용되고 있다."(p. 70)는 것을 발견했다.

우리가 반복적으로 지적했듯이 구성개념에 대한 정의는 매우 중요한데, 영재성의 구성개념에 대한 애매함은 지능이나 창의성에 대한 것과 비슷하다. 예를 들면, 영재성과 재능은 같은 것인가 아니면 서로 독립적인 것인가? 만일 영재성과 재능이 독립적인 것이라면 서로 중첩되는 부분은 없는가? 미국의 거의 모든 주에는 영재교육에 대한 법률이 있다. 그렇다면 그 법들은 어떤 사람을 '영재'라고 할 것인가에 대하여 최소한의 어떤 일관성을 가지고 있을 것이라고 생각될 것이다. 하지만 이 주제에 대한 종합적인 분석에서 Passow와 Rudnitski(1993)은 주 법률과 정책들 간에 영재에 대한 정의와 그 수준에 대한 일관성이 없다는 것을 발견했다.

부분적으로는 영재성과 영재교육에 대한 법률 단체의 이해가 부족한 이유로 영재 교육에 대한 미국 판례법은 진흙탕이다(Decker, Eckes, & Plucker, 2010; Eckes & Plucker, 2005; Plucker, 2008). 연방정부의 보고서는 이 이슈를 해결하지 않고 영재성을 애매하게 정의하고 있어서(OERI, 1993), 표준이 되는 정의와 재능의 범위가 불명확하기 때문에 영재성에 대한 많은 이론과 정의를 양산하게 되었다(Passow, 1979; Robinson, Zigler, & Gallagher, 2000; Sternberg & Davidson, 1986 참조). 여러 가지 개념을 조직하기 위한 두 가지 틀이 제안되었다. 하나는 Sternberg와 Davidson(1986)이 제안한 네 가지 범주로 나눈 것이고(명시적/영역특수적, 명시적/인지적, 명시적/발달적, 암묵적/이론적), 다른 하나는 Monks와 Mason(1993)이 제안한 또 다른 네 범주가 있다(특성 지향, 인지적 성분, 성취 지향, 사회문화/심리사회 지향). 하지만 우리는 영재성 개념이 어떻게 발전해 왔는지 이해하기 위해서는 간단하게 두 가지 범주(초기 개념화 대 최근 접근)로 나누어 살펴보는 것으로 충분하다고 생각한다.

초기 개념화

단독 모델. 영재성의 구성개념 — 그리고 영재 교육을 통한 영재성 개념의 교육적 적용 — 은 21세기에 개발되었기 때문에 초기의 개념들은 지능을 한 개인 속에 있는 개인적인 구성개념으로 보는 이론들에서 나왔다. 비록 단일 요인을 중심으로 하는 접근(Cattell, 1987; Spearman, 19104)에서부터 다요인 모델까지(Carroll, 1993; Guilford, 1967; Thurstone, 1938) 지능 발달에 있어서 환경의 역할을 인정하지만, 지능의 통제 소재로서 그리고 지능의 가장 큰 관심 주제로서 개인에게 큰 비중을 두고 있다. 이때부터 창의성 이론과 모델들도 마찬가지로 개인을 강조했으며(예 : Guilfor, 1950; Kris, 1952; MacKinnon, 1965), 이런 연구들은 심리 측정학의 커다란 영향을 받았다.

영재성의 초기 개념화는 개인과 심리 측정학을 강조하는 것을 모방했으며(예 : Hollingworth, 1942), 이 전통적인 지능 개념을 기초로 한 재능 개발 접근이 인기를 얻었다. 예를 들어, 존스홉킨스대학교에서 시작된 재능 발굴(Talent Search) 모델이 현재 전국적으로 대학교에 부속된 센터에서 1년에 250,000명 이상의 아동을 대상으로 실시되고 있다(Stanley,

1980; Stanley & Benbow, 1981). 미국 전국적으로 많은 교육청들은 개인의 능력에 초점을 맞춘 검사도구를 사용하여 높은 능력을 가진 아동을 확인하여 영재교육과 재능 개발 프로그램을 실시하고 있다. Callahan 외 (1995)는 전국적으로 조사한 연구에서 조사된 교육청의 11%가 영재성을 엄격한 IQ 정의에 따른 기준에 의존하고 있는 것을 발견했으며, IQ를 기준으로 영재성을 정의하는 것이 두 번째로 일반화된 방법이다. Robinson (2005)은 "당신은 당신의 IQ 점수가 말해 주는 만큼 영재다." 식으로 영재를 확인하는 시스템이 영재교육에 대한 심리 측정학에 기초한 단일 접근 중에 유일한 것은 아니라고 그녀의 연구 분석에서 보여주고 있지만, 심리측정학적 접근을 지지하는 상세한 근거들을 제시하고 있다.

영재성에 대한 Marland의 정의. 미국 연방정부는 1970년대 초에 영재에 대한 사람–특수적 관점에 기반한 것으로 보이는 정의를 내렸다. 이 정의에 의하면 영재성과 재능은 일반 지적 능력, 특수한 학업 적성, 창의적이거나 생산적인 사고, 리더십 능력, 시각 및 연기 예술, 심리운동 능력을 포함하는 6개 영역에서 나타난다(Marland, 1972). Marland의 정의는 영향력이 매우 컸으며 아직까지도 많은 교육청에서 재능 있는 학생들을 확인하기 위해 사용하고 있다. Callahan 외(1995)는 거의 50%의 교육청에서 영재교육을 위한 확인 절차에서 이 정의에 기초해서 영재를 판별하고 있으며, 가장 널리 알려진 인기 있는 영재에 대한 정의라고 한다.

147

최근 접근의 가장 큰 특징은 지적 영재성의 개념을 더 넓게 보는 것이다. 1970년대 중반 이후로 학자들은 초기 모델들보다 발달과 상황을 더 고려하는 다측면적인 새로운 영재성 개념을 제안했다. 이런 경향은 5장에서 살펴본 지능 이론들이 확장되는 경향과 나란히 한다. 예를 들어, 아마도 가장 유명한 영재성 이론인 Renzulli(1978, 1999)의 세 고리 개념은 성격, 환경, 정의적 요인의 상황 속에서 평균 이상의 능력, 창의성, 과제집착력 간의 상호작용에 초점을 둔다.

이 확장된 이론들을 기반으로 한 재능 개발에 대한 교육적 접근에는 Renzulli와 Reis(1985)의 전체 학교 심화 모델(Schoolwide Enrichment Model)이 있고 그 외에 Coleman과 Cross(2001), Karnes와 Bean(2001), Plucker와 Callahan(2008, 2013)이 제안하는 전략들이 있다. 영재성과 재능에 대한 최근의 다른 정의들(Feldhusen, 1998; OERI, 1993)은 Renzulli의 세 고리 개념 그리고 관련된 프로그래밍 모델들과 확장된 개념을 강조하는 것도 비슷하고 여러 가지 요인이 재능 발달에 영향을 미친다는 것을 인정하는 것도 비슷하다.

대부분의 이 확장된 지능 개념이 어떤 형태로든 언급되거나 내포되어 있다. 그러나 영재성과 지능을 대부분 같다고 보는 초기 개념들과는 반대로, 최근의 관점은 높은 수준의 지능을 영재성을 위한 필요조건이지 충분조건은 아니라고 보는 경향이 있다. 아래에서는 다섯 가지 다른 영재성 개념을 살펴보면서 지능과 영재성의 관계에 대한 주요 학자들의 생각을 알아보기로 하자.

영재성과 재능의 차별화 모델(DMGT). 더 실용적인 영재성 모델들 중 하나가 영재성과 재능의 차별화 모델이다(Differentiated Model of Giftedness and Talent, DMGT; Gagne, 1993, 2000). DMGT는 영재성과 재능을 차별화한다. 영재성은 최소한 한 영역에서(예 : 지적, 창의적, 사회정서적, 혹은 감각운동적 영역) 또래 중 상위 10%에 해당하는 타고난 능력이라고 본다(Gagne, 2000). 한편 재능은 영재성의 숙달로 나타나는 것으로 학문, 예술, 사업, 여가활동, 사회적 활동, 스포츠, 혹은 테크놀러지에서 또래 중 상위 10%에 해당하는 기술이다. 영재성은 잠재적인 것이고 재능은 그 결과다.

DMGT에 의하면 실제 재능을 나타내지 않더라도(예 : 미성취) 뛰어난 능력을 가지고 태어나는 사람을 영재라고 한다. 재능 발달을 위해서는 기술을 최대화하기 위하여 더 강하고 장기간에 걸친 발달을 요구하는 고수준의 기술과 함께 체계적인 학습과 훈련이 필요하다(Gagne, 2000).

영재성 하나만으로는 재능 발달과 관련한 모든 변화를 설명할 수 없다. 재능 발달 과정은 개인 내적 촉매와 환경적 촉매에 의해 중재되며 이 촉매들은 재능 발달에 도움이 될 수도 있고 방해가 될 수도 있다(Gagne, 2000). DMGT는 재능 발달에 도움이 되는 변인과 방해가 되는 변인 모두에 초점을 맞춘다. 이것은 긍정적인 재능 발달에 초점을 맞추는 초기 모델과 비교하면 더 현실적인 실세계 재능 발달과 닮았다. 개인 내적 촉매제에는 신체적 특징(장애, 건강, 등)과 심리적 특징(동기, 의지, 자기관리, 성격)이 포함된다. 환경적 촉매제에는 (1) 신체, 문화, 가족, 사회 영향과, (2) 부모, 교사, 동료, 멘토와 같은 사람들, (3) 지원 제공(프로그램,

활동, 서비스), (4) 사건(만남, 상, 사고, 등)이 포함된다. 기회가 또한 재능 발달뿐만 아니라 타고난 능력에도 중요한 영향을 미친다. 기술 발달을 기꺼이 지원하거나 지원할 수 있는 가족과 공동체 속에 태어나는 행운이 그 예가 될 수 있다(Gagne, 2000).

지적 영역은 창의적 영역, 사회정서적 영역, 감각운동적 영역과 함께 네 가지 적성 영역 중 하나로 분명하게 언급되어 있다. Gagne는 이 네 가지 영역을 타고난 능력이라고 말하지만 지적 적성에 대해서는 자세하게 언급하고 있지 않다. 그는 선천적인 네 가지 영역 각각에 대한 "많은 경쟁적인 분류체계가 존재한다."고 지적하고 있으며, 여러 분류체계 중에서 그의 모델과 관련해서 특별히 선호하는 것은 없는 것 같다(2005, p. 101).

영재성의 세 고리 개념. Renzulli의 연구는 젊은이들이 실제로 창의적 산출물을 만들기 위해 필요한 기술, 습관, 정서를 개발하는 것을 돕는 교육 시스템을 만드는 것에 초점을 맞추었다. Renzulli(1978, 2005)의 세 고리 개념은 평균 수준 이상의 능력, 창의성, 과제집착력의 상호작용에서 영재성이 나타나는 것으로 보며, 각 특성이 영재 행동의 발달에 결정적인 역할을 한다고 본다. Renzulli와 그의 동료들은 그 모델을 기초로 교육 중재의 효과에 대한 연구들을 포함한 세 고리 개념의 타당성에 대한 많은 연구를 수행했다(예 : Delisle & Renzulli, 1982; Gubbins, 1982; Rezunlli, 1984, 1988). 이 이론은 문헌에서 그리고 교육청에서 가장 인기 있는 영재성 개념 중 하나다(Callahan et al., 1995).

이 이론은 재능 있는 성공적인 성인들에 대한 연구를 바탕으로 하고 있으며(Renzulli, 1978, 1999), 비판이 없는 것은 아니지만(예 : Johnsen, 1999; Kitano, 1999; Olszewski-Kubilius, 1999), 다중 상호작용 요인을 포함시키고 영재 학생 선발에 사용되는 기준을 넓히는 장점을 가지고 있다. 그 밖에 Renzulli는 지식 획득 이외에 창의적인 생산 기술 개발의 필요성을 강조하고, 그의 확대된 판별 절차가 실제로 소수자들의 영재교육 프로그램 참여 비율이 낮은 것과 성 불평등과 같은 사례를 감소시키는 증거를 제시한다(Renzulli, 1999).[2] 세 고리 개념 — 그리고 이 모델에서 나온 많은 교육적 중재 — 의 중요한 공헌은 창의성이란 선천적인 것이고 향상시킬 수 없다고 생각하는 널리 퍼져 있던 신념을 타파하는 데에 도움이 되었다는 것일 것이다. 그 모델은 또한 과제 집착력과 함께 창의적인 산출물을 이끌어 내는 과정에서의 지적 능력의 역할을 강화했다.

다중 지능(MI) 이론. 5장에서 보았듯이 Gardner의 다중 지능 이론은 교육자들에게 인간 지능과 인간 능력에 대하여 더 넓게 생각하도록 하는 데 획기적인 공헌을 했다. 그가 말한 지능이란 "어떤 문화적 배경 속에서 가치가 있다고 판단되는 문제를 해결하거나 산출물을 만들어 내는 능력이다."(Ramos-Ford & Gardner, 1997, p. 55)라는 정의는 재능 학생들을 가르치는 교육자들에게 분명히 매력적이었으며, 영재교육에서의 MI 이론의 인기는 (특히 1990년대에) 놀라운 일이 아니다.

그 밖에 MI 이론은 무엇을 지적인 행동으로 볼 것인가 하는 범위를 확장하는 중요한 변화를 일으켰으며, 따라서 영재성에 대해서도 그 범위를 확대하는 계기가 되었다. 비록 이 이론에 대한 Gardner의 연구는 창의적인 산출물과 영재성에 초점을 맞추었지만(Gardner, 1993 참조) MI 이론이 지능의 구성개념을 확장한 것은 영재성과 재능이 있는 학생을 판별하는 방법을 확대하기를 원했던 영재 학생들을 위한 교육자들에게 매우 매력적으로 보였다.

비록 1990년대 초 Callahan 외(1995)의 연구 이후로 MI 이론의 인기는 정점을 찍었지만, 이 이론이 교육자들이 가지고 있는 지능, 창의성, 재능에 대한 개념을 바꾸는 데 상당히 큰 영향을 미쳤다는 일화적인 증거는 많다. 하지만 적용된 교육 환경에서의 평가가 복잡하고 어려움이 많은 것으로 드러나서 영재 판별 시스템에서 창의성을 확인하는 데는 제한점이 있다(예 : Gardner, 1995; Plucker, 2000; Plucker, Callahan, & Tomchin, 1996; Pyryt, 2000 참조). 종합해 볼 때 교육에 더 큰 영향을 미친 Renzulli의 연구와 마찬가지로 Gardner의 연구도 재능과 영재성이 무엇이고 그것들을 어디에서 발견할 수 있는가에 대한 우리의 개념을 확장시킨 것에 대해서는 의심할 여지가 없다.

상황적 관점. 새로운 21세기를 맞으면서 다양한 새로운 철학적 관점이 학습과 재능에 대한 관점에 강력한 영향을 미치기 시작했다. 많은 심리학자와 교육자들은 지능, 재능, 창의성을 포함한 구성개념을 인지적 관점이나 환경적 관점 위주로 설명하는 것에 피로감을 느끼게 되었다. 이 불만에 대한 반응으로 Barab과 Plucker(2002)는 다섯 가지 관점(생태심리학, 상황인지, 분산인지, 활동 이론, 합법적인 주변적 참여)에서 이론과 연구들을 조사하고 "재능 개발에 대한 전통적인 관점의 핵심은 마음과 상황을 구분하고 재능과 영재성의 경우에 개인이 환경에 영향을 미친다고 암묵적으로나 명시적으로 말하고 있다."는 결론을 내렸다(Plucker & Barab, 2005, p. 204). 이와 같은 선상에서 Snow(1992)는 "사람과 상황의 관계를 상황-속의-사람이라는 통합된 시스템으로 생각하지 않고 독립된 변인으로 생각하는 경향성"(p. 19)을 비판했다.

Barab와 Plucker는 넓은 의미의 재능이 개인, 환경, 사회문화적 내용 간의 상호작용을 통해 발달하는 통합적인 영재성 모델을 제안했다. 그들은 재능 발달을 시간의 흐름 속에서 상호작용을 통해 개인이 업적을 쌓고, 그래서 재능을 개발할 수 있는 더 큰 기회를 갖게 되고, 그리고 노력한 결과 더 큰 성공을 하게 되는 끊임없이 순환하는 과정으로 보았다. 중요한 교육적 시사점은 현실적인 상황 속에서 커다란 지지를 받으면서 실세계의 문제를 해결에 재능 개발 프로그램의 초점을 맞추어야 한다는 것이다(Plucker & Barab, 2005). 이 상황적 관점이 영재교육 분야보다 영재교육 밖의 분야에서 더 많은 인기를 얻고 있는 것이 확인된 것으로 미루어 많은 영재교육 프로그램이 '똑똑한 아이를 확인하는' 중재 모델을 주로 사용한다는 것을 알 수 있으며, 이것에 대하여 Barab과 Plucker의 접근은 분명하게 반대하고 있다.

Subotnik과 동료들의 접근. 가장 최근의 주된 이론은 Subotnik, Olszew-ski-Kubilius와 Worrell(2011, 2012; Worrell, Olszewski-Kubilius, &

Subotnik, 2012)이 제안한 개념적 모델이다. 영재성에 대한 방대한 심리학적 연구를 조사한 후에 그들은 영재성을 "한 특수한 재능 영역에서 높은 수준의 기능을 나타내는 사람들 중에서도 뚜렷하게 상위 끝에 분포하는 수준의 수행이다. 나아가 영재성은 초기 단계에서는 발달 중인 잠재력을 그 핵심 변인으로 볼 수 있고, 후기 단계에서는 성취로 영재성을 측정할 수 있으며, 재능이 충분히 발달한 단계에서는 명성으로 영재성을 측정할 수 있다."라고 정의를 내렸다(Subotnik et al., 2012, p. 176).

이 접근이 인기가 있는 이유는 여러 가지다. 가장 중요한 첫 번째 이유는 사람이 발달하면서 그 구성개념의 정의가 어떻게 변하는지 분명하게 진술하고 있다는 점이다(예 : 한 구성개념은 상황에 의존적이면서 여전히 잘 작동할 수 있다). Subotnik 외는 또한 영재성은 모든 최근 이론에서 우리가 보아온 영재성에 미치는 폭넓은 영향을 기반으로 하는 인지적 변인과 심리적 변인이 조합된 결과라고 강조한다. 그들은 또한 5장에서 논의되었듯이 지능은 변할 수 있고 지능에 대하여 어떤 신념을 가지고 있느냐 하는 것이 중요하다는 Dweck의 관점도 지지한다. 그들 모델의 실제적 함의는 그들이 내린 지능의 정의와 일치한다.

창의적인 수행이나 아이디어의 생성을 위해서는 사람, 과정, 산출물이 필요하다는 것도 중요하지만, 이 요인들의 상태적인 비중도 시간이 흐르면서 변한다는 것도 중요하게 인식할 필요가 있다. 예를 들어, 어린 아동은 창의적인 접근과 태도를 개발하는 것이 중요하고(사람), 나이 든 아동은 기술을 습득하는 것이 중요하고(과정), 그리고 이런 태도와 과정에 대한 기술을 갖추고 여러 영역의 깊은 내용 지식을 습득하여 지적, 미적, 혹은 실제적인 산출이나 수행에 적용하는 것이 중요하다(산출물).(Subotnik et al., 2011, p. 33)

중재에 대한 이 접근은 Barab과 Plucker의 상황적 관점을 강화하는 것이지만, 상호작용하는 사람-환경-사회문화적 요인의 상대적인 영향력은 여러 가지 다른 시간과 상황에 걸쳐서 변할 수 있다고 지적함으로써 상황적 관점을 더 확장시키고 있다.

요약

지능 이론들과 마찬가지로 서로 관련되어 있지만 독립적인 창의성과 영재성의 구성개념도 시간이 지나면서 발전해 왔다. 지능과 창의성의 관계와 지능과 영재성의 관계는 여러 방식으로 개념화되었지만, 창의성과 영재성도 또한 심리적 구성개념이고 각 구성개념에 대한 광범위한 정의들이 있다는 점을 기억할 필요가 있다. 그 정의들은 창의성과 영재성을 이해하기 위해서뿐만 아니라 그 개념들과 지능의 관계를 이해하기 위해서도 중요하다.

특수 프로그램에 참여할 학생을 판별하는 것과 같은 실제적 적용을 고려할 때는, 프로그램에 적합한 학생을 어떻게 확인하거나 선발할 것인가를 결정하기 전에 각 구성개념을 어떻게 정의할 것인가를 가장 먼저 생각해야 한다. 예를 들어, 비언어성 지능검사가 고능력의 작가를 길러내기 위한 프로그램을 위해서는 학생 판별에 도움이 되지 않을 수 있지만, 광범위한 재능을 개발하기 위한 프로그램을 위해서는 비언어성 지능 검사를 사용하는 것이 매우 적절할 수 있다. 다시 말하지만 상황과 정의는 매우 중요하다.

정리

- 지능과 창의성 간의 관계를 보는 방식에는 여러 가지가 있다. 각 구성 개념을 어떻게 정의하느냐가 지능과 창의성의 관계를 어떻게 보느냐 하는 방식에 큰 영향을 미친다.
- Sternberg가 분류한 지능과 창의성에 대한 다섯 가지 관계들은 각각 경험적 지지를 받고 있으며, 각 구성개념의 정의에 대한 이슈를 고려하면 다섯 가지 관계를 각각 뒷받침하는 근거가 있는 것은 놀랍지 않다.
- 역치 이론은 지능과 창의성의 상관은 지능의 어느 수준까지만 상관이 있고 그 이상에서는 상관이 거의 없다고 제안한다.
- 몇몇 최근 연구들은 역치 이론은 옳지 않으며, 매우 높은 수준의 지능에서도 창의성과 상관이 있을 수 있다고 제안한다.
- 지능 이론들이 지난 사오십 년에 걸쳐서 여러 양상과 여러 차원으로 나타났듯이 영재성 이론과 재능 이론도 마찬가지다.
- 학생들 중에서 높은 수준의 창의성과 지능을 확인하기 위한 시스템을 설계하는 교육자들은 그들이 선택한 영재성의 개념이 창의성과 지능을 어떻게 정의하고 창의성과 지능의 관계를 어떻게 정의하는지 고려해야 한다. 다시 말해서 Renzulli 모델, MI 이론, 혹은 Barab과 Plucker의 상황적 관점을 기초로 영재성을 확인하는 프로그램에서는 개인 지

능검사 하나만 사용해서 재능, 지능, 창의성을 측정하면 안 된다.

미주

1 예를 들어 Jauk, Benedek, Dunst와 Neubauer(2013) 참조하시오.

2 Renzulli가 그의 모델을 확대한 것은 의미가 있고 중요하지만, 본 논의에서 자세하게 다루는 것은 부적절하므로 더 자세한 정보는 Renzulli와 Sytsma(2008) 그리고 Renzulli와 D'Souza(2013) 참조하시오.

8

구성개념과 상황 : 지능 연구는 어디로 향하고 있는가?

지난 20년에 걸쳐서 우리는 지능심리학에 대한 비공식적인 역사가로 큰 기쁨을 누렸다. 한 분야에서 광범위한 성격과 관점과의 만남은 그 힘든 시간들의 가치가 있었으며,[1] 우리는 지능의 이론적 접근에 대하여 그리고 한 과학 분야가 어떻게 발전하는가에 대하여 많은 것을 배웠다.

예를 들어, 인간에 대한 잘못된 측정(The Mismeasure of Man, Gould, 1981)과 종곡선(Hernstein & Murray, 1994) 둘 다 지능의 원천적인 성격에 대한 두 가지 극단적인 언급으로 날카로운 비판을 불러일으키면서 매우 논란이 많은 책들로 남아 있다(예 : Carroll, 1995; Devlin, Fienberg, Resnick, & Roeder, 1997). 그러나 두 책은 대중적인 논의의 중심으로까지 지능, 재능, 인간 능력에 대한 관심을 끌어올렸고, 중요한 주제를 둘러싼 논쟁에 도전하는 것이 학자와 연구자들이 해야 하는 가치 있는 일이라는 원리를 강화시켜 주었다고 할 수 있다.

또한 우리는 여러 연구자들과 이론가들이 서로의 연구를 어떻게 보는가에 대해서도 많은 것을 알게 되었다. 예를 들어, 한 유명한 학자는 우리가 처음에 인간 지능 웹사이트(www.intelltheory.com)에 올려놓을 자료를 검토한 후에 한 학자가 다른 학자에게 영향을 미쳤다는 우리의 주

장에 대해서 "그 두 사람은 그 어떤 것에 대해서도 결코 동의한 적이 없
다."고 지적하고 공개적으로 의문을 표시했다. 그러나 그 연구들을 재조
사해 본 결과 주로 그 젊은 학자가 그 주제에 대한 그들 두 사람의 접근
을 대조하기 위해서 자신의 중요한 연구에서 더 나이 많은 학자를 열 번
이상 인용한 것을 찾아냈다. 순전히 긍정적인 영향만 영향이라고 누가
말했나! 우리는 또한 자서전이나 전기에서 직접 세부적인 자료를 수집했
을 때 그것이 잘못된 것이라고 말해 주는 몇몇 연구자들도 있었다. 이런
비슷한 사례들을 경험하면서, 우리는 역사는 후세에 의해 영원히 다시
쓰여지고 재조명을 받기 때문에 결국 매우 주관적이라는 것을 다시 생각
하게끔 되었다. 역사가는 '현실', '사실', '의견'이 난무한 가운데 역사라
고 생각되는 것에 대한 통제를 수행하는 사람이다.

　이 책에서 우리의 목적은 지능 이론과 연구에 대한 풍부한 역사를 공
유하고 우리의 마음을 사로잡았던 이야기들 중 일부를 전달하는 것이었
다. 이 주제에 대한 중요한 모든 내용을 포함시킨다는 것은 불가능하며
여러분들도 모든 것을 읽고 싶어 하지 않았을 것이다. 그러나 우리는 인
간 지능과 능력에 대하여 답을 얻었거나 아직 답을 얻지 못한 놀라운 질
문들에 대해 여러분들이 알아보고 싶어하는 자극을 주었기를 희망한다.
역사적 상황의 역할을 강조하면서, 뒤로 물러나서 시간의 흐름 속에서
그 실체가 너무 흐려져 버린 그 역사의 어떤 측면을 '재설정(reset)'해 보
려고 노력했다. 예를 들어, Goddard는 현재 혹평을 받고 있지만, 그의 많
은 연구가 지금은 진보적 개혁가로 기억되는 Woodrow Wilson 대통령이
전국적으로 인종차별적인 정책을 공격적으로 펼 시기에 수행되었다는

점을 고려하는 것이 중요하다. 이론가들과 연구자들은 진공 속에서 일하는 것이 아니다. 그들의 연구가 그 문화에 영향을 미치듯이 그들의 문화적이고 지적인 상황들이 그들 연구에 영향을 미친다.

지능의 이론과 연구를 위한 미래 방향

우리는 지능 이론과 연구를 위한 미래 방향에 대한 몇 가지 생각을 제시함으로써 이 책을 마무리 하고자 한다. 우리가 역사적 상황을 강조했지만, 상황을 예측하는 일은 어둠 속에 화살을 쏘는 것과 같다는 것을 알고 있다. 윈스턴 처칠의 말을 빌리면 "사건이 이미 일어난 후에 예언하는 것이 훨씬 낫기 때문에 나는 항상 미리 예언하는 하는 것을 피한다"(1944, p. 7). 그러나 몇 가지 나타나고 있는 경향들은 계속되면서 아마도 강화될 것이라고 결론 내리는 것은 안전할 것으로 보인다.

지능과 뇌

다른 무엇보다 첫 번째로, 기하급수적으로 증가하고 있는 테크놀러지의 발달은 지능과 관련한 연구와 중재에 계속적으로 영향을 미칠 것이다. 한 세대 전에만 해도 공상과학소설의 영역이었던 지능의 신경학적 연구는 이제 보편화되었다. 뇌에 초점을 맞춘 이 경향은 지능 연구에서 계속될 것으로 생각한다. 2013년 4월 버락 오바마 대통령에 의해 발표된 1억 달러의 첨단혁신 신경공학을 통한 뇌 연구(Brain Research Through Advancing Innovative Neurotechnologies, BRAIN)는 야심적인 새로운 프로젝트로서 국가건강기구(NIH), 국방부, 국립과학재단, 4개 민간연구소의 지원을 받는 대규모 사업이다. 이 야심찬 작업은 인간 뇌의 구조와 기능에 대한 종합적인 지도를 그리는 것을 목표로 하고 있으며(Alivisatos et al., 2012), 많은 사람들은 이것을 2003년 인간 게놈의 지도를 완성했던 인간 게놈 프로젝트(Human Genome Project)의 후속 작업이라고 생각한다(NHGRI, 2003). 이 작업으로부터 어떤 결과가 나올지 상상하는 것만으로도 흥분되는 일이며, 발견된 연구 결과의 일부는 인간 지능 연구의 미래 방향에 직접적인 영향을 미칠 것이라고 생각하는 것은 당연하다.

뇌 과학의 놀라운 발전은 21세기 연구자들이 인간 지능의 차이에 대한 생물학적인 근거를 찾기 위해 뇌 속을 보는 것을 이미 가능하게 했다. 지금까지 뇌 과학이 지원하는 지능 연구는 일반적으로 유전자 연구나 뇌 영상 연구에 초점을 맞추었다. 지금까지 많은 연구가 있었지만 건강한 사람의 지적 능력을 구성하는 핵심이라고 하는 그 어떤 '지능 유전자'나 유전자들을 찾지는 못했다. 하지만 지적 장애에 영향을 미치는 약 300개 유전자가 확인되었다(Deary, Penke, & Johnson, 2010). 새로운 BRAIN 연구에서 앞으로 더 많은 연구 결과가 나타나면 인간 게놈 지도에서 얻은 연구 결과를 보충하여 미래 연구자들은 마침내 인간 지능의 차이를 부분적으로 설명할 수 있는 유전자를 찾아 낼 것이다.

뇌 영상 연구들도 또한 지능 연구에 더 깊은 관련을 갖게 될 것이다. 뇌의 크기가 중요한가 혹은 중요하지 않은가 하는 문제에 뇌 영상 연구가 도움이 될 수 있다. 더 큰 뇌가 더 똑똑한 사람을 만드는가? 비록 뇌 크기나 뇌 부피가 비교적 약한 정적 상관이 있는 것으로 나타나지만, 이 시점에서 조심스런 대답은 아마도 '그렇다'이다. 3D 뇌 영상을 만들기 위해 초전도 자석과 전자파를 사용하는 MRI 테크놀러지가 발달하면, 미래 연구자들이 뇌의 영역과 시스템의 형태를 보는 데 도움이 될 것이고, 아마도 특수한 뇌 영역들의 크기나 기능과 지적 인간 행동의 차이 간의 관계에 대한 확실한 결론을 낼 수 있을 것이다. 이 연구 결과들이 의학적 중재의 발전을 향한 첫 번째 단계가 될 수 있을 것이다.

Daniel Keyes(1966)의 감동적인 소설 알제논의 무덤에 꽃다발을(Flowers for Algernon) 속에서 지적 장애를 갖고 있는 한 남자가 비상한 지적 능력을 가진 사람으로 변하는 실험적인 수술을 받는다. 이 이야기 속의 윤리적 그리고 도덕적 갈등은 이 놀라운 신경과학의 발전에 대한 잠재적인 어두운 면을 보여준다. 만일 우리가 어떤 뇌 구조, 유전자, 혹은 신경 기능 조건이 직접적으로 인간의 지적 수행에 관련된다는 것을 발견한다면, 생물학적 처리과정으로 더 똑똑한 사람이 되게 중재하는 것을 지지하는 개인이나 단체가 있을 것이다(Galton은 아마도 이 아이디어가 매력적이라고 생각할 것이다. 분명히). 미래 세대들은 이 아이디어가 좋은 것인지, 나쁜 것인지 혹은 — 우리가 예측하듯이 — 좋기도 하고 나쁘기도 한 것인지 상황과 목적에 따라서 밝혀내야 할 것이다. 미래에 2012년에 있었던 Lance Armstrong이 Tour de France 메달을 박탈당한 것과 비슷한 스캔들이 있을 것이라고 상상하는 것은 어렵지 않다. 마찬가지로 *Jeopardy!*(역주 : 미국의 유명한 TV 퀴즈쇼 프로그램) 최종 우승자 혹은 로즈 장학생(역주 : Cecil John Rhodes 장학금 수혜 학생)이 지적인 경기력 향상 약물을 복용했다는 이유로 그 명예를 박탈당하는 사례를 생각해 볼 수 있다. 반대로 심각한 장애를 가지고 태어난 아이의 지적 기능을 향상시킬 수 있는 의학적 치료가 있다는 것을 알게 되는 한 부모가 느끼는 기쁨과 안도감을 상상하는 것도 어렵지 않다.

이런 딜레마들은 실제로 새로운 것이 아니다. 수십 년 동안 대학을 포함한 교육기관은 건강한 학생들의 학습 습관과 검사 수행을 향상시키기 위하여 인가되지 않은 주의력 결핍 장애 약을 먹는 것에 대한 문제로 고민해 왔다(Hall, Irwin, Bowman, Frankenberger, & Jewett, 2005). 결국 카페인이 뇌 속의 신경 연결을 강화함으로써 지능을 좋게 할 수도 있다는 잠정적인 보고를 접하고서 우리는 이 책을 쓰는 동안에도 기꺼이 커피를 벌컥벌컥 마신다(Simons, Caruana, Zhao, & Dudek, 2011 참조). (우리는 각각 오늘 아침에만도 세 번째 커피 잔을 들이켰다.) '똑똑해지는 알약' 복용에 대한 문제가 외과적 수술의 문제가 되거나 혹은 태아의 지적 성형을 선택하는 문제가 공공 정책뿐만 아니라 개인의 윤리적인 선택의 문제가 되는 날이 올 수 있을 것이다.

테크놀러지와 교육

테크놀러지도 또한 빠르게 교육을 변화시키고 있다. 장거리 학습을 통한 교육 접근을 증가시키는 것 이외에 학생들이 개인적으로 학습 자료를 수집하고, 저장하고, 분석하는 능력이 향상되고 있다. 사회가 개인적인 교육의 방향으로 이동하면서, 지능을 어떻게 개념화하고 평가할 것인가 하는 문제는 정책 논의에서 우선적으로 다루어질 것이다.

이론 발달

우리는 이론들이 계속적으로 상황에 더욱 민감해질 것이라고 생각하지만(예 : 상황적 인지 접근), 더 광범위하고 포괄적인 이론의 시대는 막바지에 이르렀다고 생각한다. 한 개념을 넓히다보면 결국은 다시 좁히는 지점으로 돌아갈 수밖에 없다. Gardner는 그의 다중 지능 이론을 확장하여 종교 지능과 같은 또 다른 성분을 포함시키는 것을 숙고하면서 이런 뜻을 내비쳤다.

최근 지능연구에 대한 한 경험적 동향 분석에서 Sternberg와 Kaufman (2012)은 아마도 g와 관련이 있는 요인을 찾아내려고 하는 좀 더 전통적인 연구는 시들해지고, g의 개념을 확장하는 연구나 g의 성격을 더 잘 이해하기 위한 연구는 계속적으로 나타날 것이라는 결론을 내렸다(예 : Kaufman et al., 2012). 그 분석은 정확하다고 생각되며, 이것은 위에서 계속 확장되는 연구의 유용성에는 자연적인 한계가 있다는 우리의 경고와 일치한다.

국제적 관점

지난 30년간 문화적 상황의 중요성이 강조되어 온 것에 미루어 볼 때 앞으로 지능에 대한 국제적 관점이 성장할 것으로 우리는 예측한다. 지능에 대한 국제적인 관점에 대한 주요 연구를 한 학자들은 미국, 유럽, 오스트레일리아 학자들뿐이라는 점은 주목할 가치가 있다. 우리 자신들의 연구에서도 살펴보았듯이 몇 해 전까지만 해도 지능을 가르치는 아시아에 있는 우리 동료들은 서양의 연구와 이론에 주로 의존했지만, 아시아 국가들에서 사회과학이 발전함에 따라 더 많은 아시아 관점들을 가르치고 공유하고 있다. 마찬가지로 국가 간의 지능과 인지 능력의 비교는 그런 비교가 흥미 있는 이슈들을 언급하기 때문이기도 하고(Hunt, 2012 참조) 또한 세계화의 성장 때문에 대중과 학자들을 계속해서 매료시킬 것이다.

모든 것은 구성개념에 대한 것이다

이 책에서 우리는 지능과 같은 심리적 구성개념을 연구하는 데 있어서는 정의가 중요하다는 점을 강조했다. 정의는 정말 중요하다. 이 주제가 너무나 중요하기 때문에 마지막으로 또 하나의 예를 들어 강조하고 싶다.

종곡선이 1994년에 출판되었을 때 대중과 학자들에게 격렬한 논쟁을 불러일으켰다. 그 저자들은 옳은가 혹은 그른가? 그들의 과학은 정확한가 혹은 부정확한가? 그 결론은 인종차별주의적인 것인가 혹은 현실적인 것인가? 이 문제들에 대한 열띤 논쟁으로 많은 열량이 소비되었지만 많은 사람들은 혼란스러운 채로 남아 있다.

하지만 이 이슈를 구성개념의 렌즈를 통해서 보면 간단하게 이해할 수 있다. 종곡선에서 Herrnstein과 Murray(1994, pp. 22–23)는 다음과 같은 몇 가지 가정을 제시하면서 지능에 대한 분명한 정의를 내렸다.

1. 사람 간에 차이를 나타내는 인지 능력의 일반 요인이 존재한다.
2. 학업 적성이나 학업 성취를 측정하는 모든 표준화 검사는 이 일반 요인을 어느 정도 측정할 수 있으며, 일반 요인을 측정하기 위한

목적으로 개발된 IQ 검사는 가장 정확하게 측정할 수 있다.

3. 사람들이 일상적으로 그 어떤 의미로 **지적이다** 혹은 **똑똑하다**고 말한다고 해도 그것을 가장 잘 나타내는 것은 IQ 점수다. IQ 점수는 비록 완벽하게 안정적이지는 않지만 한 개인의 전 생애에 걸쳐서 대부분 안정적이다.

이 책에서 논의된 학자들 중에서 많은 학자들은 이 가정에 동의할 것이고 일부 학자들은 그 어떤 것에 대해서도 동의하지 않을 것이다. 만약 당신이 동의한다면 Herrnstein과 Murray가 말하는 다음 두 가지 가정은 꽤 논리적이라고 생각할 것이다. 만일 당신이 동의하지 않는다면 아마도 더 큰 문제 제기를 할 것이다.

4. 적절하게 실시되는 IQ 검사는 사회적, 경제적, 민족적, 혹은 인종적 집단에 대한 뚜렷한 편향을 나타내지 않는다.
5. 인지적 능력은 상당히 유전적으로 유전이 약 40~80%인 것으로 보인다.

끝으로 지능이나 그 외 인지적 현상에 대한 당신의 관점이 무엇이든 다음과 같은 한 가지 점에 대해서는 우리 모두 동의할 수 있다. 즉 구성 개념이 결정적으로 중요하며, 상황도 최소한 어느 정도 중요하다.

미주

<u>1</u> 우리는 몇몇 학자들이 기꺼이 시간을 내어서 지난 세월의 이슈들에 대해 의견을 제시해 준 것에 대하여 특별한 감사를 드린다. Camilla Benbow, Carolyn Callahan, Hudson Cattell(James McKeen Cattell의 손자), Jack Cummings, J. P. Das, Douglas Detterman, Carol Dweck, Raymond Fancher, Donna Ford, Howard Gardner, Alan and Nadeen Kaufman, David Lubinski, Charles Murray, Jack Naglieri, Joe Renzulli, Dean Keith Simonton, 그리고 Bob Sternberg에게 감사드린다. 그 밖에 Raymond Cattell, 특히 John Carroll, John Horn은 그들의 생의 거의 마지막에 고맙게도 많은 시간 동안 그들의 귀중하고 독특한 관점을 제공해 주었다.

최근에 출판된 일반 서적과 연구물을 포함해서 지난 100년간 지능에 대한 엄청나게 많은 출판물이 있다. 이 많은 출판물 중에서 독자들에게 도움이 될 수 있다고 생각하는 (대략) 상위 20권을 추천하고자 한다. 이 자료들은 지능에 대한 광범위한 관점을 가지고 있으면서 독자들이 쉽게 이해할 수 있도록 설명되어 있다.

광범위한 개관

Deary, I. J. (2001). *Intelligence: A very short introduction*. Oxford, UK: Oxford University Press.

광고 그대로다. 이 책은 전통적인 관점과 연구를 강조하고 있는 매우 간략한 개론서다.

Fancher, R. E. (1985). *The intelligence men: Makers of the IQ controversy*. New York, NY: Norton.

유명한 심리학 역사가가 심혈을 기울여서 집필한 전통적인 역사적 개론서다. 지능에 대한 우리의 관점에 가장 큰 영향을 준 책들 중 하나다.

Hunt, E. B. (2011). *Human intelligence*. Cambridge, UK: Cambridge University Press.

지능에 관련한 몇 가지 복잡한 주제에 대하여 이해하기 쉽게 쓴 수준 높은 책이다.

Mackintosh, N. (2011). *IQ and human intelligence* (2nd ed.). Oxford, UK: Oxford University Press.

이 책은 교재로서 정말 최고다.

Neisser, U. Boodoo, G., Bouchard, T. J. Jr., Boykin, A. W., Brody, N., Ceci, S. J., ... Urbina, S. (1996). Intelligence: Knowns and unknowns. *American Psychologist, 51*(2), 77–101.

Nisbett, R. E., Aronson, J., Blair, C., Dickens, W., Flynn, J., Halpern, D. F., & Turkheimer, E. (2012). Intelligence: New findings and theoretical developments. *American Psychologist*, doi: 10.1037/a0026699.

우리는 이 두 논문이 짝이라고 생각한다. 둘 다 지능에 대한 지난 세대의 심리적 연구에 대한 탄탄한 개론서다. 각각 훌륭한 학자들로 구성된 팀에 의해 집필되었다.

수준 높은 자료

이 자료들은 추운 겨울 밤 포도주 한 잔을 들고 소파에 기대어 읽을 수 없는 집중해서 읽어야 하는 높은 수준의 어려운 자료다.

Sternberg, R. J. (Ed.). (1994). *Encyclopedia of human intelligence*. New York, NY: Macmillan.

Sternberg, R. J. (Ed.). (2004). *International handbook of intelligence*.

Cambridge, UK: Cambridge University Press.

Sternberg, R. J., & Kaufman, S. B. (Eds.). (2011). *The Cambridge handbook of intelligence*. Cambridge, UK: Cambridge University Press.

Wilhelm, O., & Engle, R. W. (Eds.). (2005). *Handbook of understanding and measuring intelligence*. London, UK: Sage.

전자 자료

Esping, A., Plucker, J. A. (2013). Intelligence. In Dana S. Dunn (Ed.), *Oxford bibliographies: Psychology*. New York, NY: Oxford University Press. Retrieved from http://www.oxfordbibliographies.com/view/document/obo-9780199828340/obo-9780199828340-0092. xml?rskey-kNhrFK&result=23&q=]

Kaufman, S. B. (2011). Intelligence. In Luanna H. Meyer (Ed.), *Oxford bibliographies: Education*. New York, NY: Oxford University Press. Retrieved from http?//www.oxfordbibliographiesonline.com/view/document/obo-9780199756810/obo-9780199756810-0021.xml
이 두 온라인 참고문헌은 교육적 관점과 심리학적 관점에서 세세한 자료 목록을 포함하고 있다.

Plucker, J. A., & Esping, A. (Eds.). (2013). *Human intelligence: Historical influences, current controversies, teaching resources*. Retrieved from http://www.intelltheory.com
이 사이트는 1998년에 만들어졌다.

Ceci, S. J., & Williams, W. W. (2000). *The nature-nurture debate: The essential readings*. Oxford: Wiley-Blackwell, UK.

지능 발달에 대한 종합적인 편집본.

Johnson, W., Penke, L., & Spinath, F. M. (2011). Heritability in the era of molecular genetics: Some thoughts for understanding genetic influences on behavioral traits. *European Journal of Personality, 25*, 254-266.

행동 유전학 연구의 중요성을 그 한계점과 함께 재미있게 분석하고 있다.

Kaufman, A. S. (2009). *IQ testing 101*. New York, NY: Springer Publishing Company.

책 제목이 모든 것을 말해 주는 이 분야의 대가들 중 한 명이 쓴 책이다.

Plucker, J. A., & Callahan, C. M. (Eds.). (2008). *Critical issues and practices in gifted education: What the research says*. Waco, TX: Prufrock Press.

이 편집본은 영재성과 영재교육의 50가지 측면에 대한 연구를 요약하고 있다.

Sternberg, R. J., & Davidson, J. E. (Eds.). (2005). *Conceptions of giftedness* (2nd ed.). New York, NY: Cambridge University Press.

이 편집본과 그 앞의 편집본은 영재성과 재능 이론을 연구하고 있는 사람들의 'who's who'를 포함하고 있다.

Sternberg, R. J., & Grigorenko, E. L. (Eds.). (1997). *Intelligence, heredity and environment.* Cambridge, UK: Cambridge University Press.

지능 연구에 적용되는 행동 유전학 연구에 대한 또 하나의 탄탄한 개론서

Subotnik, R. F., Olszewski-Kubilius, P., & Worrell, F. C. (2011). Rethinking giftedness and gifted education: A proposed direction forward based on psychological science. *Psychological Science in the Public Interest, 12*(1), 3-54.

3명의 주요 학자들이 영재성에 대한 심리학적 연구를 개관하고 지적 재능 개발에 대한 새로운 접근을 제안한 중요한 논문이다.

기타

Intelligence (http://www.journals.elsevier.com/intelligence)

지능 연구에만 할애하는 주요 학술지. 격월로 발간되는 이 저널은 갈등적인 주제에 대한 다양한 관점을 알고 싶어 하는 사람들이 반드시 읽어야 할 학술지다.

Achter, J. A., Benbow, C. P., & Lubinski, D. (1997). Rethinking multi-potentiality among the intellectually gifted: A critical review and recommendations. *Gifted Child Quarterly, 41*, 5–15.

Alivisatos, P. A., Chun, M., Church, G. M., Greenspan, R. J., Roukes, M. L., & Yuste, R. (2012). The Brain Activity Map Project and the challenge of functional connectomics. *Neuron, 74*, 970–974.

Almeida, L. S., Prieto, M. D., Ferreira, A. I., Bermejo, M. R., Ferrando, M., & Ferrándiz, C. (2010). Intelligence assessment: Gardner multiple intelligence theory as an alternative. *Learning and Individual Differences, 20*, 225–230.

Amabile, T. M. (1996). *Creativity in context: Update to "The social psychology of creativity."* Boulder, CO: Westview Press.

American Psychiatric Association. (2013). *Diagnostic and statistical manual of mental disorders: DSM-5.* Washington, DC: Author.

American Psychological Association. (2002). *Ethical principles of psychologists and code of conduct.* Retrieved March 24, 2006, from http://www.apa.org/ethics/code2002.html

Atkins v. Virginia, 536 U.S. 304 (2002).

Atlantic Monthly (1870, June). Reviews and literary notices, pp. 753–756.

Baltes, M. M., & Carstensen, L. L. (1996). The process of successful ageing. *Ageing and Society, 16*, 397–422.

Barab, S. A., & Plucker, J. A. (2002). Smart people or smart contexts? Talent development in an age of situated approaches to learning and thinking. *Educational Psychologist, 37*, 165–182.

Bar-On, R. (1997). *The Emotional Intelligence inventory (EQ-i): Technical manual.* Toronto, Canada: Multi-Health Systems.

Bar-On, R. (2000). Emotional and social intelligence: Insights from the Emotional Quotient inventory. In R. Bar-On & J. D. A. Parker (Eds.), *The handbook of emotional intelligence: Theory, development, assessment, and application at home, school, and in the workplace* (pp. 363-388). San Francisco, CA: Jossey-Bass.

Bar-On, R. (2005). The impact of emotional intelligence on subjective well-being. *Perspectives in Education, 23*(2), 1-22.

Bar-On, R., Handley, R., & Fund, S. (2005). The impact of emotional intelligence on performance. In V. Druskat, F. Sala, & G. Mount (Eds.), *Linking emotional intelligence and performance at work: Current research evidence* (pp. 3-20). Mahwah, NJ: Lawrence Erlbaum Associates.

Barron, F. (1969). *Creative person and creative process.* New York, NY: Holt, Rinehart, & Winston.

Beaty, R. E., & Silvia, P. J. (2012). Why do ideas get more creative across time? An executive interpretation of the serial order effect in divergent thinking tasks. *Psychology of Aesthetics, Creativity, and the Arts, 6,* 309-319.

Beaujean, A., & Osterlind, S. J. (2008). Using item response theory to assess the Flynn effect in the National Longitudinal Study of Youth 79 Children and Young Adults data. *Intelligence, 36,* 455-463.

Berg, C. A., & Sternberg, R. J. (1985). A triarchic theory of intellectual development during adulthood. *Developmental Review, 5,* 334-370.

Bickley, P. G., Keith, T. Z., & Wolfle, L. M. (1995). The three-stratum theory of cognitive abilities: Test of the structure of intelligence across the life span. *Intelligence, 20,* 309-328.

Binet, A., & Simon, T. (1905). Methodés nouvelles pour le diagnostic du niveau intellectual des anormaux. *L'Année Psychologique, 11,* 191-244.

Binet, A., & Simon, T. (1908). The development of intelligence in the child. *L'Année Psychologique, 14,* 1-90.

Binet, A., & Simon, T. (1916/1973). *The development of intelligence in children.* Baltimore, MD: Williams & Wilkins. (Reprinted 1973, New York, NY: Arno Press)

Black, E. (2003). *War against the weak: Eugenics and America's campaign to create a master race.* New York, NY: Four Walls Eight Windows.

Blair, C., & Raver, C. C. (2012). Individual development and evolution: Experiential canalization of self-regulation. *Developmental Psychology, 48,* 647–657. doi: 10.1037/a0026472

Bronfenbrenner, U., & Ceci, S. J. (1994). Nature-nurture reconceptualized in developmental perspective: A bioecological model. *Psychological Review, 101,* 568–586. doi: 10.1037/0033-295X.101.4.568

Burt, C. (1909). Experimental tests of general intelligence. *British Journal of Psychology, 3*(1–2), 94–177.

Burt, C. (1957). *The causes and treatments of backwardness* (4th ed.). London, UK: University of London Press.

Burt, C. (1969). Intelligence and heredity: some common misconceptions. *The Irish Journal of Education, 3*(2), 75–94.

Burt, C. L. (1966). The genetic determination of differences in intelligence: A study of monozygotic twins reared together and apart. *British Journal of Psychology, 57,* 137–153.

Callahan, C. M., Hunsaker, S. L., Adams, C. M., Moore, S. D., & Bland, L. C. (1995). *Instruments used in the identification of gifted and talented students* (Report No. RM-95130). Charlottesville, VA: National Research Center on the Gifted and Talented.

Carroll, J. B. (1993). *Human cognitive abilities: A survey of factor-analytical studies.* New York, NY: Cambridge University Press.

Carroll, J. B. (1995). Reflections on Stephen Jay Gould's "The Mismeasure of Man" (1981): A retrospective review. *Intelligence, 21,* 121–134.

Carroll, J. B. (1997). The three-stratum theory of cognitive abilities. In D. P. Flanagan, J. L. Genshaft, & P. L. Harrison (Eds.), *Contemporary intellectual assessment: Theories, tests, and issues* (pp. 122–130). New York, NY: Guilford Press.

Castejon, J. L., Perez, A. M., & Gilar, R. (2010). Confirmatory factor analysis of Project Spectrum activities: A second-order *g* factor or multiple intelligences? *Intelligence, 38,* 481–496.

Cattell, R. B. (1941). Some theoretical issues in adult intelligence testing. *Psychological Bulletin, 38*(592), 10.

Cattell, R. B. (1963). Theory of fluid and crystallized intelligence: A critical experiment. *Journal of Educational Psychology, 54,* 1–22.

Cattell, R. B. (1967). The theory of fluid and crystallized general intelligence checked at the 5–6 year-old level. *British Journal of Educational Psychology, 37,* 209–224.

Cattell, R. B. (1971). *Abilities: Their structure, growth, and action.* Boston, MA: Houghton Mifflin.

Cattell, R. B. (1987). *Intelligence: Its structure, growth, and action.* New York, NY: Elsevier.

Ceci, S. J., & Kanaya, T. (2010). "Apples and oranges are both round": Furthering the discussion on the Flynn effect. *Journal of Psychoeducational Assessment, 28,* 469–473.

Cherniss, C. (2010). Emotional intelligence: Toward clarification of a concept. *Industrial and Organizational Psychology, 3,* 110–126.

Cherniss, C., Extein, M., Goleman, D., & Weissberg, R. P. (2006). Emotional intelligence: What does the research really indicate? *Educational Psychologist, 41,* 239–245.

Churchill, W. (1944). *Onwards to victory.* London, UK: Cassell.

Cianciolo, A. T., & Sternberg, R. J. (2004). *Intelligence: A brief history.* Malden, MA: Blackwell.

Ciarrochi, J. V., Chan, A. Y., & Caputi, P. (2000). A critical evaluation of the emotional intelligence construct. *Personality and Individual Differences, 28,* 539–561.

Cole, J. C., & Randall, M. K. (2003). Comparing the cognitive ability models of Spearman, Horn and Cattell, and Carroll. *Journal of Psychoeducational Assessment, 21,* 160–179. doi: 10.1177/073428290302100204

Coleman, L. J., & Cross, T. L. (2001). Being gifted in school: An introduction to education, guidance, and teaching: Book review. *Gifted Child Quarterly, 45,* 65–67.

Colom, R., Lluis-Font, J. M., & Andres-Pueyo, A. (2005). The generational intelligence gains are caused by decreasing variance in the lower half of the distribution: Supporting evidence for the nutrition hypothesis. *Intelligence, 33,* 83–91.

D'Amico, A., Cardaci, M., Di Nuovo, S., & Naglieri, J. A. (2012). Differences in achievement not in intelligence in the north and south of Italy: Comments on Lynn (2010a, 2010b). *Learning and Individual Differences, 22,* 128–132.

Darwin, C. (1985). *The origin of species by means of natural selection; or, the preservation of favoured races in the struggle for life.* New York, NY: Penguin. (Original work published 1859)

Das, J. P. (2002). A better look at intelligence. *Current Directions in Psychological Science, 11*, 28–33.

Das, J. P., Kirby, J. R., & Jarman, R. F. (1975). Simultaneous and successive syntheses: An alternative model for cognitive abilities. *Psychological Bulletin, 82*, 87–103.

Das, J. P., Naglieri, J. A., & Kirby, J. R. (1994). *Assessment of cognitive processes: The PASS theory of intelligence*. Boston, MA: Allyn & Bacon.

Deary, I. J., Penke, L., & Johnson, W. (2010). The neuroscience of human intelligence differences. *Nature Reviews: Neuroscience, 11*, 201–211.

Deary, I. J., Whalley, L. J., & Starr, J. M. (2009). *A lifetime of intelligence: Follow-up studies of the Scottish Mental Surveys of 1932 and 1947*. Washington, DC: American Psychological Association.

Decker, J. R., Eckes, S. E., & Plucker, J. (2010). Charter schools designed for gifted and talented students: Legal and policy issues and considerations. *Education Law Reporter, 259*(1), 1–18.

Deiner, C. I., & Dweck, C. S. (1978). An analysis of learned helplessness: Continuous changes in performance, strategy and achievement cognitions following failure. *Journal of Personality and Social Psychology, 36*, 451–462.

Deiner, C. I., & Dweck, C. S. (1980). An analysis of learned helplessness: (II) The processing of success. *Journal of Personality and Social Psychology, 39*, 940–952.

Delisle, J. R., & Renzulli, J. S. (1982). The revolving door identification and programming model: Correlates of creative production. *Gifted Child Quarterly, 26*, 89–95.

Devlin, B., Fienberg, S. E., Resnick, D. P., & Roeder, K. (Eds.). (1997). *Intelligence, genes, and success: Scientists respond to* The Bell Curve. New York, NY: Springer-Verlag.

Diamond, J. M. (1999). *Guns, germs, and steel: The fates of human societies*. New York, NY: W. W. Norton.

Dickens, W. T., & Flynn, J. R. (2001). Heritability estimates versus large environmental effects: The IQ paradox resolved. *Psychological Bulletin, 108*, 346–369.

Dweck, C. S. (1975). The role of expectations and attributions in the alleviation of learned helplessness. *Journal of Personality and Social Psychology, 31*, 674–685.

Dweck, C. S. (1999). *Self-theories: Their role in motivation, personality and development*. Philadelphia, PA: Psychology Press.

Dweck, C. S. (2007). *Mindset: The new psychology of success*. New York, NY: Ballantine.

Eckes, S. E., & Plucker, J. A. (2005). Charter schools and gifted education: Legal obligations. *Journal of Law and Education, 34*, 421–436.

Edwards, A. J. (1994). Wechsler, David (1896–1981). In R. J. Sternberg (Ed.), *Encyclopedia of intelligence* (Vol. 1, pp. 1134–1136). New York, NY: Macmillan.

Ericsson, K. A., & Kintsch, W. (1995). Long-term working memory. *Psychological Review, 102*, 211–245.

Eysenck, H. J. (1979). *The structure and measurement of intelligence*. New York, NY: Springer-Verlag.

Fancher, R. E. (1983). Biographical origins of Francis Galton's psychology. *Isis, 74*, 227–233.

Fancher, R. E. (1985). *The intelligence men: Makers of the IQ controversy*. New York, NY: W. W. Norton.

Fancher, R. E. (1998). Biography and psychodynamic theory: Some lessons from the life of Francis Galton. *History of Psychology, 1*, 99–115.

Feldhusen, J. F. (1998). A conception of talent and talent development. In R. C. Friedman & K. B. Rogers (Eds.), *Talent in context: Historical and social perspectives on giftedness* (pp. 193–209). Washington, DC: American Psychological Association.

Fletcher, J. M., Stuebing, K. K., & Hughes, L. C. (2010). IQ scores should be corrected for the Flynn effect in high-stakes decisions. *Journal of Psychoeducational Assessment, 28*, 441–447.

Flynn, J. R. (1984). The mean IQ of Americans: Massive gains 1932 to 1978. *Psychological Bulletin, 95*, 29–51.

Flynn, J. R. (1987). Massive IQ gains in 14 nations: What IQ tests really measure. *Psychological Bulletin, 101*, 171–191.

Flynn, J. R. (1998). IQ gains over time: Toward finding the causes. In U. Neisser (Ed.), *The rising curve: Long-term gains in IQ and related measures* (pp. 25–66). Washington, DC: American Psychological Association.

Flynn, J. R. (1999). Searching for justice: The discovery of IQ gains over time. *American Psychologist, 54*, 5–20.

Flynn, J. R. (2006). Tethering the elephant: Capital cases, IQ, and the Flynn Effect. *Psychology, Public Policy, and Law, 12*, 170–189.

Flynn, J. R. (2007). *What is intelligence?* New York, NY: Cambridge University Press.

Flynn, J. R. (2009). *What is intelligence?* (Expanded ed.). New York, NY: Cambridge University Press.

Flynn, J. R. (2010). Problems with IQ gains: The huge vocabulary gap. *Journal of Psychoeducational Assessment, 28*, 412–433.

Flynn, J. R., & Weiss, L. G. (2007). American IQ gains from 1932 to 2002: The WISC subtests and educational progress. *International Journal of Testing, 7*, 209–224.

Forrest, D. W. (1974). *Francis Galton: The life and work of a Victorian genius.* London, UK: Elek.

Frederickson, N., Petrides, K. V., & Simmonds, E. (2012). Trait emotional intelligence as a predictor of socioemotional outcomes in early adolescence. *Personality and Individual Differences, 52*, 323–328.

Fuchs-Beauchamp, K. D., Karnes, M. B., & Johnson, L. J. (1993). Creativity and intelligence in preschoolers. *Gifted Child Quarterly, 37*, 113–117.

Gagné, F. (1993). Constructs and models pertaining to exceptional human abilities. In K. A. Heller, F. J. Mönks, & A. H. Passow (Eds.), *International handbook of research and development of giftedness and talent* (pp. 69–87). New York, NY: Pergamon Press.

Gagné, F. (1998). The prevalence of gifted, talented, and multitalented individuals: Estimates from peer and teacher nominations. In R. C. Friedman & K. B. Rogers (Eds.), *Talent in context: Historical and social perspectives on giftedness* (pp. 101–126). Washington, DC: American Psychological Association.

Gagné, F. (2000). Understanding the complex choreography of talent development through DMGT-based analysis. In K. A. Heller, F. J. Mönks, R. J. Sternberg, & R. F. Subotnik (Eds.), *International handbook of giftedness and talent* (2nd ed., pp. 67–80). New York, NY: Pergamon.

Gagné, F. (2005). From gifts to talents: The DMGT as a developmental model. In R. J. Sternberg & J. E. Davidson (Eds.), *Conceptions of giftedness* (2nd ed., pp. 98–119). New York, NY: Cambridge University Press.

Galton, E. (1840, October 23). (Letter to Francis Galton). Galton Archives File 105.

Galton, F. (1851, December 15). Mr. Galton's expedition in southern Africa. *The Times*, 5f.

Galton, F. (1853a). *Tropical South Africa*. London, UK: John Murray.

Galton, F. (1853b). Remarks on presentation of RGS gold medal. *Journal of the Royal Geographical Society, 23*, lviii–lxi.

Galton, F. (1861a). Meteorological charts. *Philosophical Magazine, 22*, 34–35.

Galton, F. (1861b). Zanzibar. *Mission Field, 6*, 121–130.

Galton, F. (1865). Hereditary talent and character. *Macmillan's Magazine, 12*, 157–166, 318–327.

Galton, F. (1869). *Hereditary genius: An inquiry into its laws and consequences*. London, UK: Macmillan.

Galton, F. (1873). Hereditary improvement. *Frasier's Magazine, 7*, 116–130.

Galton, F. (1874). *English men of science: Their nature and nurture*. London, UK: Macmillan.

Galton, F. (1875). The history of twins, as a criterion of the relative powers of nature and nurture. *Frasier's Magazine, 12*, 566–576.

Galton, F. (1883). *Inquiries into human faculty and its development*. London, UK: Macmillan.

Galton, F. (1884). *Hereditary genius*. New York, NY: D. Appleton.

Galton, F. (1885a). On the anthropometric laboratory at the late International Health Exhibition. *Journal of the Anthropological Institute, 14*, 205–218.

Galton, F. (1885b). Some results of the anthropometric laboratory. *Journal of the Anthropological Institute, 14*, 275–287.

Galton, F. (1892). *Hereditary genius: An inquiry into its laws and consequences* (2nd ed.). London: Macmillan.

Galton, F. (1894). *Natural inheritance* (5th ed.). New York, NY: Macmillan.

Gardner, H. (1983). *Frames of mind: The theory of multiple intelligences*. New York, NY: Basic Books.

Gardner, H. (1993). *Creating minds: An anatomy of creativity seen through the lives of Freud, Einstein, Picasso, Stravinsky, Eliot, Graham, and Gandhi*. New York, NY: Basic Books.

Gardner, H. (1995). Reflections on multiple intelligences: Myths and messages. *Phi Delta Kappan, 77,* 200–209.

Gardner, H. (1999). *Intelligence reframed: Multiple intelligences for the 21st century.* New York, NY: Basic Books.

Gardner, H. (2006). *Multiple intelligences: New horizons in theory and practice.* New York, NY: Basic Books.

Getzels, J. W., & Jackson, P. W. (1962). *Creativity and intelligence: Explorations with gifted students.* New York, NY: Wiley.

Goddard, H. H. (1908a). The Binet and Simon tests of intellectual capacity. *Training School Bulletin, 5,* 3–9.

Goddard, H. H. (1908b). The grading of backward children. *Training School Bulletin, 5,* 12–14.

Goddard, H. H. (1910). Four hundred feeble-minded children classified by the Binet method. *Journal of Psycho-Asthenics, 15,* 17–30.

Goddard, H. H. (1912a). *The Kallikak family: A study in the heredity of feeble-mindedness.* New York, NY: Macmillan.

Goddard, H. H. (1912b). Feeble-mindedness and immigration. *Training School Bulletin, 9,* 91–94.

Goddard, H. H. (1914). *Feeble-mindedness: Its causes and consequences.* New York, NY: Macmillan.

Goddard, H. H. (1917). Mental tests and the immigrant. *Journal of Delinquency, 2,* 243–277.

Goddard, H. H. (1920). *Human efficiency and levels of intelligence.* Princeton, NJ: Princeton University Press.

Goddard, H. H. (1927). Who is a moron? *Scientific Monthly, 24*(1), 41–46.

Goddard, H. H. (1928). Feeble-mindedness: A question of definition. *Journal of Psycho-Asthenics, 33,* 219–227.

Gottfredson, L. S. (1997). Mainstream science on intelligence: An editorial with 52 signatories, history, and bibliography. *Intelligence, 24,* 13–23.

Gottfredson, L. S., et al. (1994, December 13). Mainstream science on intelligence. *Wall Street Journal.*

Gould, S. J. (1981). *The mismeasure of man.* New York, NY: W. W. Norton.

Grigorenko, E. L., Wenzel Geissler, P., Prince, R., Okatcha, F., Nokes, C., Kenny, D. A., . . . Sternberg, R. J. (2001). The organisation of Luo conceptions of intelligence: A study of implicit theories in a

Kenyan village. *International Journal of Behavioral Development, 25,* 367–378.

Gubbins, E. J. (1982). *Revolving door identification model: Characteristics of talent pool students.* Unpublished doctoral dissertation, The University of Connecticut, Storrs.

Guilford, J. P. (1950). Creativity. *American Psychologist, 5,* 444–544.

Guilford, J. P. (1967). *The nature of human intelligence.* New York, NY: McGraw-Hill.

Hagan, L. D., Drogin, E. Y., & Guilmette, T. J. (2010). IQ scores should not be adjusted for the Flynn effect in capital punishment cases. *Journal of Psychoeducational Assessment, 28,* 474–476.

Hall, K. M., Irwin, M. M., Bowman, K. A., Frankenberger, W., & Jewett, D. C. (2005). Illicit use of prescribed stimulant medication among college students. *Journal of American College Health, 53*(4), 167–174.

Hayes, J. R. (1989). Cognitive processes in creativity. In J. A. Glover, R. R. Ronning, & C. R. Reynolds (Eds.), *Handbook of creativity* (pp. 135–145). New York, NY: Plenum Press.

Henmon, V. A. C. (1969). Intelligence and its measurement. In L. E. Tyler (Ed.), *Intelligence: Some recurring issues. An enduring problem in psychology* (pp. 16–18). New York, NY: Van Nostrand Reinhold. (Original work published 1912)

Herrnstein, R. J., & Murray, C. A. (1994). *The bell curve: Intelligence and class structure in American life.* New York, NY: Free Press.

Hertzog, C., & Schaie, K. W. (1986). Stability and change in adult intelligence: I. Analysis of longitudinal covariance structures. *Psychology and Aging, 1,* 159–171.

Hollingworth, L. S. (1942). *Children above 180 IQ Stanford-Binet: Origin and development.* Yonkers-on-Hudson, NY: World Book.

Horn, J. L. (1967). Intelligence: Why it grows, why it declines. *Transaction,* 23–31.

Horn, J. L. (1970). Organization of data on life-span development of human abilities. In L. R. Goulet & P. B. Baltes (Eds.), *Life-span developmental psychology: Research and theory.* New York, NY: Academic Press.

Horn, J. L. (1976). Human abilities: A review of research and theory in the early 1970s. *Annual Review of Psychology, 27,* 437–485. doi: 10.1146/annurev.ps.27.020176.002253

Horn, J. L. (1998). A basis for research on age differences in cognitive abilities. In J. J. McArdle & R. Woodcock (Eds.), *Human cognitive abilities in theory and practice* (pp. 57–92). Mahwah, NJ: Erlbaum.

Horn, J. L., & Cattell, R. B. (1966a). Refinement and test of the theory of fluid and crystallized general intelligences. *Journal of Educational Psychology, 57,* 253–270.

Horn, J. L., & Cattell, R. B. (1966b). Age differences in primary mental ability factors. *Journal of Gerontology, 21,* 210–220.

Horn, J. L., & Cattell, R. B. (1967). Age differences in fluid and crystallized intelligence. *Acta Psychologica, 26,* 107–129.

Horn, J. L., & Donaldson, G. (1976). On the myth of intellectual decline in adulthood. *American Psychologist, 31,* 701–719. doi: 10.1037/0003-066X.31.10.701

Horn, J. L., Donaldson, G., & Engstrom, R. (1981). Apprehension, memory, and fluid intelligence decline in adulthood. *Research on Aging, 3,* 33–84. doi: 10.1177/016402758131002

Horn, J. L., & McArdle, J. J. (2007). In R. Cudeck & R. C. MacCallum (Eds.), *Factor analysis at 100: Historical developments and future directions* (pp. 205–248). Mahwah, NJ: Lawrence Erlbaum.

Horn, J. L., & Noll, J. (1997). Human cognitive capabilities: Gf-Gc theory. In D. P. Flanagan, J. L. Genshaft, & P. L Harrison (Eds.), *Beyond traditional intellectual assessment: Contemporary and emerging theories, tests, and issues* (pp. 53–91). New York, NY: Guilford Press.

Hunt, E. (2011). *Human intelligence.* New York, NY: Cambridge University Press.

Hunt, E. (2012). What makes nations intelligent? *Perspectives in Psychological Science, 7,* 284–306.

Hyatt, S. (1997). Shared history of shame: Sweden's four-decade policy of forced sterilization and the Eugenics Movement in the United States. *Indiana International & Comparative Law Review, 8,* 475.

Jauk, E., Benedek, M., Dunst, B., & Neubauer, A. C. (2013). The relationship between intelligence and creativity: New support for the threshold hypothesis by means of empirical breakpoint detection. *Intelligence, 41,* 212–221.

Jensen, A. R. (1979). *Bias in mental testing.* New York, NY: Free Press.

Jensen, A. R. (1980). *Bias in mental testing.* London, UK: Methuen.

Jensen, A. R. (1994). Spearman, Charles Edward. In R. J. Sternberg (Ed.), *Encyclopedia of intelligence* (Vol. 1, pp. 1007–1014). New York, NY: Macmillan.

Jensen, A. R. (1998). *The g factor: The science of mental ability*. Westport, CT: Praeger.

Johnsen, S. (1999). Renzulli's model: Needed research. *Journal for the Education of the Gifted, 23*, 102–116.

Joseph, D. L., & Newman, D. A. (2010). Emotional intelligence: An integrative meta-analysis and cascading model. *Journal of Applied Psychology, 95*, 54–78.

Kamin, L. J. (1974). *The science and politics of IQ*. Potomac, MD: Lawrence Erlbaum.

Kanaya, T., Scullin, M. H., & Ceci, S. J. (2003). The Flynn effect and U.S. policies: The impact of rising IQ scores on American society via mental retardation diagnoses. *American Psychologist, 58*, 1–13.

Karnes, F. A., & Bean, S. M. (Eds.). (2001). *Methods and materials for teaching the gifted*. Waco, TX: Prufrock Press.

Kaufman, A. S. (1990). *Assessing adolescent and adult intelligence*. Boston, MA: Allyn & Bacon.

Kaufman, A. S. (2009). *IQ testing 101*. New York, NY: Springer.

Kaufman, A. S. (2010). "In what way are apples and oranges alike?" A critique of Flynn's interpretation of the Flynn Effect. *Journal of Psychoeducational Assessment, 28*, 382–398.

Kaufman, A. S., & Kaufman, N. L. (1993). *Kaufman Adolescent and Adult Intelligence Test (KAIT)*. Circle Pines, MN: American Guidance Service.

Kaufman, A. S., & Kaufman, N. L. (2004). *The Kaufman Assessment Battery for Children* (2nd ed.). Circle Pines, MN: American Guidance Service.

Kaufman, A. S., & Weiss, L. G. (2010). Guest editors' introduction to the special issue of *JPA* on the Flynn effect. *Journal of Psychoeducational Assessment, 28*, 379–381.

Kaufman, S. B., Reynolds, M. R., Liu, X., Kaufman, A. S., & McGrew, K. S. (2012). Are cognitive *g* and academic achievement *g* one and the same *g*? An exploration on the Woodcock–Johnson and Kaufman tests. *Intelligence, 40*, 123–138. doi: 10.1016/j.intell.2012.01.009

Keith, T. Z., & Reynolds, M. R. (2010). Cattell–Horn–Carroll abilities and cognitive tests: What we've learned from 20 years of research. *Psychology in the Schools, 47,* 635–650.

Kerr, B. & Erb, C. (1991). Career counseling with academically talented students: Effects of a value-based intervention. *Journal of Counseling Psychology, 38,* 309–314.

Keyes, D. (1966). *Flowers for Algernon.* New York, NY: Bantam.

Kim, K. H. (2005). Can only intelligent people be creative? *Journal of Secondary Gifted Education, 16,* 57–66.

Kitano, M. K. (1999). Bringing clarity to "This thing called giftedness": A response to Dr. Renzulli. *Journal for the Education of the Gifted, 23,* 87–101.

Kris, E. (1952). *Psychoanalytic exploration of art.* New York, NY: International Universities Press.

Kuhn, T. S. (1962/2012). *The structure of scientific revolutions* (4th ed.), Chicago, IL: University of Chicago Press.

Larson, G. (1994). Armed services vocational aptitude battery. In R. J. Sternberg (Ed.), *Encyclopedia of intelligence* (Vol. 1, pp. 121–124). New York, NY: Macmillan.

Legree, P. J., Pifer, M. E., & Grafton, F. C. (1996). Correlations among cognitive abilities are lower for high ability groups. *Intelligence, 23,* 54–57.

Lim, W., Plucker, J., & Im, K. (2002). We are more alike than we think we are: Implicit theories of intelligence with a Korean sample. *Intelligence, 20,* 185–208.

Lohman, D. F. (2005). Review of Naglieri and Ford (2003): Does the Naglieri Nonverbal Ability Test identify equal proportions of high-scoring White, Black, and Hispanic students? *Gifted Child Quarterly, 49,* 19–28.

Lohman, D. F., & Gambrell, J. L. (2012). Using nonverbal tests to help identify academically talented children. *Journal of Psychoeducational Assessment, 30,* 25–44.

Lubinski, D., & Benbow, C. P. (2006). Study of mathematically precocious youth after 35 years: Uncovering antecedents for the development of math-science expertise. *Perspectives on Psychological Science, 1,* 316–345.

Luria, A. R. (1973). *The working brain*. New York, NY: Basic Books.

Lynn, R., & Harvey, J. (2008). The decline of the world's IQ. *Intelligence, 36*, 112–120.

MacKinnon, D. W. (1965). Personality and the realization of creative potential. *American Psychologist, 20*, 273–281.

Mackintosh, N. J. (1995). *Cyril Burt: Fraud or framed?* New York, NY: Oxford University Press.

Mackintosh, N. J. (2011). *IQ and human intelligence* (2nd ed.). Oxford, NY: Oxford University Press.

Mandelman, S. D., & Grigorenko, E. L. (2011). Intelligence: Genes, environments, and their interactions. In R. J. Sternberg & S. B. Kaufman (Eds.), *The Cambridge handbook of intelligence* (pp. 85–106). New York, NY: Cambridge University Press.

Marland, S. (1972). *Education of the gifted and talented* (Report to the Congress of the United States by the U.S. Commissioner of Education). Washington, DC: U.S. Government Printing Office.

Matthews, G., Zeidner, M., & Roberts, R. D. (2012). *Emotional intelligence 101*. New York, NY: Springer Publishing Company.

Mayer, J. D., Caruso, D. R., & Salovey, P. (2000). Emotional intelligence meets traditional standards for an intelligence. *Intelligence, 27*, 267–298.

Mayer, J. D., & Salovey, P. (1997). What is emotional intelligence? In P. Salovey & D. Sluyter (Eds.), *Emotional development and emotional intelligence: Implications for educators* (pp. 3–31). New York, NY: Basic Books.

McArdle, J. J., Ferrer-Caja, E., Hamagami, F., & Woodcock, R. W. (2002). Comparative longitudinal structural analyses of the growth and decline of multiple intellectual abilities over the life span. *Developmental Psychology, 38*, 115–142. doi: 10.1037/0012-1649.38.1.115

McArdle, J. J., Hamagami, F., Meredith, W., & Bradway, K. P. (2000). Modeling the dynamic hypotheses of *gf-gc* theory using longitudinal life-span data. *Learning and Individual Differences, 12*, 53–79.

McGrew, K. S. (1997). Analysis of the major intelligence batteries according to a proposed comprehensive *Gf-Gc* framework.

In D. P. Flanagan, J. L. Genshaft, & P. L. Harrison (Eds.), *Contemporary intellectual assessment: Theories, tests, and issues* (pp. 151-179). New York, NY: Guilford Press.

McGrew, K. S. (2010). The Flynn effect and its critics: Rusty linchpins and "Lookin' for *g* and *Gf* in some of the wrong places." *Journal of Psychoeducational Assessment, 28,* 448-468.

McGuire, F. (1994). Army alpha and beta tests of intelligence. In R. J. Sternberg (Ed.), *Encyclopedia of intelligence* (Vol. 1, pp. 125-129). New York, NY: Macmillan.

Meaney, M. J. (2001). Nature, nurture, and the disunity of knowledge. *Annals of the New York Academy of Sciences, 935,* 50-61.

Meeker, M. N. (1969). *The structure of intellect: Its interpretation and uses.* Columbus, OH: Merrill.

Mercer, J. R. (1973). *Labeling the mentally retarded.* Berkeley, CA: University of California Press.

Milgram, R. M., & Hong, E. (1999). Multipotential abilities and vocational interests in gifted adolescents: Fact or fiction? *International Journal of Psychology, 34,* 81-93.

Mönks, F. J., & Mason, E. J. (1993). Developmental theories and giftedness. In K. A. Heller, F. J. Mönks, & A. H. Passow (Eds.), *International handbook of research and development of giftedness and talent* (pp. 89-101). New York, NY: Pergamon Press.

Moon, S. M., Kelly, K. R., & Feldhusen, J. F. (1997). Specialized counseling services for gifted youth and their families: A needs assessment. *Gifted Child Quarterly, 41,* 16-25.

Naglieri, J. A., & Das, J. P. (1997). *Das-Naglieri Cognitive Assessment System.* Itasca, IL: Riverside Publishing.

Naglieri, J. A., & Ford, D. Y. (2003). Addressing underrepresentaion of gifted minority children using the Naglieri Nonverbal Ability Test (NNAT). *Gifted Child Quarterly, 47,* 155-160.

Naglieri, J. A., & Ford, D. Y. (2005). Increasing minority children's participation in gifted classes using the NNAT: A response to Lohman. *Gifted Child Quarterly, 49,* 29-36.

Naglieri, J. A., & Ford, D. Y. (in press). Myths propagated about the Naglieri Nonverbal Ability Test: A commentary of concerns and disagreements. *Gifted Child Quarterly.*

Naglieri, J. A., & Kaufman, J. C. (2001). Understanding intelligence, giftedness and creativity using the PASS theory. *Roeper Review, 23,* 151–164.

Naglieri, J. A., & Otero, T. M. (2011). Cognitive Assessment System: Redefining intelligence from a neuropsychological perspective. In A. S. Davis (Ed.), *Handbook of pediatric neuropsychology* (pp. 320–333). New York, NY: Springer Publishing Company.

Naglieri, J. A., Rojahn, J., & Matto, H. C. (2007). Hispanic and non-Hispanic children's perfomance on PASS cognitive processes and achievement. *Intelligence, 35,* 568–579.

National Human Genome Research Institute (NHGRI). (2003, April 14). *International consortium completes Human Genome Project.* http://www.genome.gov/11006929

Nisbett, R. E. (2009). *Intelligence and how to get it.* New York, NY: Norton.

Nisbett, R. E., Aronson, J., Blair, C., Dickens, W., Flynn, J., Halpern, D. F., & Turkheimer, E. (2012). Intelligence: New findings and theoretical developments. *American Psychologist, 67,* 130–159.

Office of Educational Research and Improvement. (1993). *National excellence: A case for developing America's talents.* Washington, DC: U.S. Department of Education.

Olszewski-Kubilius, P. (1999). A critique of Renzulli's theory into practice models for gifted learners. *Journal for the Education of the Gifted, 23,* 55–66.

Oxford English Dictionary. (2011, June). retard, v. OED Online. Retrieved August 3, 2011, from http://www.oed.com.ezproxy.tcu.edu/view/Entry/164180?rskey=IMXSVk&result=2&isAadvanced=false

Park, G., Lubinski, D., & Benbow, C. P. (2007). Contrasting intellectual patterns for creativity in the arts and sciences: Tracking intellectually precocious youth over 25 years. *Psychological Science, 18,* 948–952.

Park, G., Lubinski, D., & Benbow, C. P. (2008). Ability differences among people who have commensurate degrees matter for scientific creativity. *Psychological Science, 19,* 957–961.

Passow, A. H. (1979). A look around and a look ahead. In A. H. Passow (Ed.), *The gifted and talented: Their education and development, the 78th yearbook of the National Society for the Study of Education* (pp. 447–451). Chicago, IL: NSSE.

Passow, A. H., & Rudnitski, R. A. (1993). *State policies regarding education of the gifted as reflected in legislation and regulation* [Collaborative Research Study CRS93302]. Storrs, CT: National Research Center on the Gifted and Talented.

Petrides, K. V. (2011). Ability and trait emotional intelligence. In T. Chamorro-Premuzic, A. Furnham, & S. von Stumm (Eds.), *The Blackwell-Wiley handbook of individual differences* (pp. 656–678). New York, NY: Wiley.

Petrides, K. V., & Furnham, A. (2003). Trait emotional intelligence: Behavioural validation in two studies of emotion recognition and reactivity to mood induction. *European Journal of Personality, 17*, 39–57.

Pintner, R. (1969). Intelligence and its measurement. In L. E. Tyler (Ed.), *Intelligence: Some recurring issues. An enduring problem in psychology* (pp. 13–14). New York, NY: Van Nostrand Reinhold Company. (Original work published 1912)

Plato. (1985). *Meno* (R. W. Sharples, Trans.) Chicago, IL: Bolchazy-Carducci. (Original work published ca. 390 BCE)

Plucker, J. (2000). Flip sides of the same coin or marching to the beat of different drummers? A response to Pyryt. *Gifted Child Quarterly, 44*, 193–195.

Plucker, J. (2008). Gifted education. In C. J. Russo (Ed.), *Encyclopedia of education law* (pp. 380–382). Thousand Oaks, CA: Sage.

Plucker, J., & Barab, S. A. (2005). The importance of contexts in theories of giftedness: Learning to embrace the messy joys of subjectivity. In R. J. Sternberg & J. A. Davidson (Eds.), *Conceptions of giftedness* (2nd ed., pp. 201–216). New York, NY: Cambridge University Press.

Plucker, J., Burroughs, N., & Song, R. (2010). *Mind the (other) gap! The growing excellence gap in K–12 education.* Bloomington, IN: Center for Evaluation and Education Policy.

Plucker, J., & Callahan, C. M. (Eds.). (2008). *Critical issues and practices in gifted education: What the research says.* Waco, TX: Prufrock Press.

Plucker, J., & Callahan, C. M. (Eds.). (2013). *Critical issues and practices in gifted education: What the research says* (2nd ed.). Waco, TX: Prufrock Press.

Plucker, J., Callahan, C. M., & Tomchin, E. M. (1996). Wherefore art thou, multiple intelligences? Alternative assessments for identifying talent in ethnically diverse and economically disadvantaged students. *Gifted Child Quarterly, 40,* 81–92.

Plucker, J. A., Beghetto, R. A., & Dow, G. T. (2004). Why isn't creativity more important to educational psychologists? Potentials, pitfalls, and future directions in creativity research. *Educational Psychologist, 39,* 83–96.

Preckel, F., Holling, H., & Wiese, M. (2006). Relationship of intelligence and creativity in gifted and non-gifted students: An investigation of threshold theory. *Personality and Individual Differences, 40,* 159–170.

Proctor, R. (2001). What causes cancer? A political history of recent debates. In R. S. Singh, C. B. Krimbas, D. B. Paul, & J. Beatty (Eds.), *Thinking about evolution: Historical, philosophical and political perspectives* (pp. 569–582). New York, NY: Cambridge University Press.

Pyryt, M. C. (2000). Finding "g": Easy viewing through higher order factor analysis. *Gifted Child Quarterly, 44,* 190–192.

Ramos-Ford, V., & Gardner, H. (1997). Giftedness from a multiple intelligences perspective. In N. Colangelo & G. A. David (Eds.), *Handbook of gifted education* (2nd ed.). Boston, MA: Allyn & Bacon.

Raven, J. C. (1938). *Progressive matrices.* London: Lewis.

Raven, J. C. (2000). *Raven manual research supplement 3: Neuropsychological applications.* Oxford, UK: Oxford Psychologists Press.

Renzulli, J. S. (1973). *New directions in creativity.* New York, NY: Harper & Row.

Renzulli, J. S. (1978). What makes giftedness? Reexamining a definition. *Phi Delta Kappan, 60,* 180–184, 261.

Renzulli, J. S. (1999). Reflections, perceptions, and future directions. *Journal for the Education of the Gifted, 23,* 125–146.

Renzulli, J. S. (2005). The three-ring definition of giftedness: A developmental model for promoting creative productivity. In R. J. Sternberg & J. E. Davidson (Eds.), *Conceptions of giftedness* (2nd ed., pp. 246–280). New York, NY: Cambridge University Press.

Renzulli, J. S. (Ed.). (1984). *Technical report of research studies related to the Revolving Door Identification Model* (2nd ed.). Storrs, CT: University of Connecticut Bureau of Educational Research and Service.

Renzulli, J. S. (Ed.). (1988). *Technical report of research studies related to the Revolving Door Identification Model* (2nd ed., Vol. II). Storrs, CT: University of Connecticut Bureau of Educational Research and Service.

Renzulli, J. S., & D'Souza, S. (2013). Intelligences outside the normal curve: Co-cognitive factors that contribute to the creation of social capital and leadership skills in young people. In J. A. Plucker & C. M. Callahan (Eds.), *Critical issues and practices in gifted education: What the research says* (2nd ed.). Waco, TX: Prufrock Press.

Renzulli, J. S., & Reis, S. M. (1985). *The schoolwide enrichment model: A comprehensive plan for educational excellence.* Mansfield Center, CT: Creative Learning Press.

Renzulli, J. S., & Sytsma, R. E. (2008). Intelligences outside the normal curve: Co-cognitive traits that contribute to giftedness. In J. A. Plucker & C. M. Callahan (Eds.), *Critical issues and practices in gifted education: What the research says* (pp. 57–84). Waco, TX: Prufrock Press.

Reynolds, C. R., Niland, J., Wright, J. E., & Rosenn, M. (2010). Failure to apply the Flynn correction in death penalty litigation: Standard practice of today maybe, but certainly malpractice tomorrow. *Journal of Psychoeducational Assessment, 28*, 477–481.

Ridley, M. (2003). *Nature via nurture: Genes, experience, and what makes us human.* New York, NY: HarperCollins.

Robinson, N. M. (1997). The role of universities and colleges in educating gifted undergraduates. *Peabody Journal of Education, 72*, 217–236.

Robinson, N. M. (2005). In defense of a psychometric approach to the definition of academic giftedness: A conservative view from a die-hard liberal. In R. J. Sternberg & J. E. Davidson (Eds.), *Conceptions of giftedness* (2nd ed., pp. 280–294). New York, NY: Cambridge University Press.

Robinson, N. M., Zigler, E., & Gallagher, J. J. (2000). Two tails of the normal curve: Similarities and differences in the study of mental retardation and giftedness. *American Psychologist, 55*, 1413–1424.

Rodgers, J. L. (1998). A critique of the Flynn effect: Massive IQ gains, methodological artifacts, or both? *Intelligence, 26*, 337–356.

Rodgers, J. L., & Wanstrom, L. (2007). Identification of a Flynn effect in the NLSY: Moving from the center to the boundaries. *Intelligence, 35*, 187–196.

Rogers, A. C. (1910). The new classification (tentative) of the Feeble-Minded [Editorial]. *Journal of Psycho-Asthenics, 15*, 70.

Rosa's Law. (2010). Pub. L. No. 111–256, Stat 2781-3.

Rushton, J. P., & Jensen, A. R. (2005). Thirty years of research on race differences in cognitive ability. *Psychology, Public Policy, and Law, 11*, 235–294.

Rysiew, K. J., Shore, B. M., & Leeb, R. T. (1999). Multipotentiality, giftedness, and career choice: A review. *Journal of Counseling & Development, 77*, 423–430.

Schaie, K. W. (1994). The course of adult intellectual development. *American Psychologist, 49*, 304–313.

Schaie, K. W. (2005). *Developmental influences on adult intelligence: The Seattle Longitudinal Study.* Oxford: Oxford University Press.

Schalock, R., Borthwick-Duffy, S., Bradley, V., Buntinx, W., Couldter, D., Craig, E., . . . Yeager, M. (2010). *Intellectual disability: Definition, classification, and systems of support* (11th ed.). Washington, DC: American Association on Intellectual and Developmental Disabilities.

Schalock, R. L., Luckasson, R. A., & Shogren, K. A. (2007). Perspectives: The renaming of mental retardation: Understanding the change to the term intellectual disability. *Intellectual and Developmental Disabilities, 45*, 116–124.

Schoen, J. (2001). Between choice and coercion: Women and the politics of sterilization in North Carolina, 1929–1975. *Journal of Women's History, 13*, 132–156.

Shurkin, J. (1992). *Terman's kids: The groundbreaking study of how the gifted grow up.* Boston, MA: Little, Brown.

Silver, M. G. (2003). Eugenics and compulsory sterilization laws: Providing redress for the victims of a shameful era in United States history. *George Washington Legal Review, 72*, 862.

Silverman, L. K. (2012). *Giftedness 101.* New York, NY: Springer Publishing Company.

Simons, S. B., Caruana, D. A., Zhao, M., & Dudek, S. M. (2011). Caffeine-induced synaptic potentiation in hippocampal CA2 neurons. *Nature Neuroscience, 15*, 23–25.

Simonton, D. K. (1994). *Greatness: Who makes history and why.* New York, NY: Guilford Press.

Simonton, D. K. (2009). *Genius 101.* New York, NY: Springer Publishing Company.

Sligh, A. C., Conners, F. A., & Roskos-Ewoldsen, B. (2005). Relation of creativity to fluid and crystallized intelligence. *Journal of Creative Behavior, 39,* 123–136.

Snow, R. E. (1992). Aptitude theory: Yesterday, today, and tomorrow. *Educational Psychologist, 27,* 5–32.

Spearman, C. (1904). "General intelligence," objectively determined and measured. *American Journal of Psychology, 15,* 201–293.

Spearman, C. (1923). *The nature of "intelligence" and the principles of cognition* (2nd ed.). London, UK: Macmillan.

Spearman, C. (1930). Autobiography. In C. Murchison (Ed.), *A history of psychology in autobiography* (Vol. 1, pp. 199–333). Worcester, MA: Clark University Press.

Spearman, C., & Jones, L. W. (1950). *Human ability.* London, UK: Macmillan.

Staff, R. T., Murray, A. D., Ahearn, T. S., Mustafa, N., Fox, H. C., & Whalley, L. J. (2012). Childhood socioeconomic status and adult brain size: Childhood socioeconomic status influences adult hippocampal size. *Annals of Neurology, 71,* 653–660.

Stanley, J. C. (1980). On educating the gifted. *Educational Researcher, 9,* 8–12.

Stanley, J. C., & Benbow, C. P. (1981). Using the SAT to find intellectually talented seventh graders. *College Board Review, 122,* 2–7, 26–27.

Steen, R. G. (2009). *Human intelligence and medical illness: Assessing the Flynn effect.* New York, NY: Springer Publishing Company.

Sternberg, R. J. (1984). What should intelligence tests test? Implications of a triarchic theory of intelligence for intelligence testing. *Educational Researcher, 13,* 5–15.

Sternberg, R. J. (1988). *The triarchic mind: A new theory of human intelligence.* New York, NY: Viking.

Sternberg, R. J. (1996). *Successful intelligence: How practical and creative intelligence determine success in life.* New York, NY: Simon & Schuster.

Sternberg, R. J. (1999a). Intelligence. In M. A. Runco & S. R. Pritzker (Eds.), *Encyclopedia of creativity: Volume 2* (pp. 81–88). San Diego, CA: Academic Press.

Sternberg, R. J. (1999b). The theory of successful intelligence. *Review of General Psychology, 3,* 292–316.

Sternberg, R. J. (2010). The Flynn effect: So what? *Journal of Psychoeducational Assessment, 28*(5), 434–440.

Sternberg, R. J. (2011a). From intelligence to leadership: A brief intellectual autobiography. *Gifted Child Quarterly, 55,* 309–312. doi: 10.1177/0016986211421872

Sternberg, R. J. (2011b). The theory of successful intelligence. In R. J. Sternberg & S. B. Kaufman (Eds.), *The Cambridge handbook of intelligence* (pp. 504–527). New York, NY: Cambridge University Press.

Sternberg, R. J., & Davidson, J. E. (Eds.). (1986). *Conceptions of giftedness.* New York, NY: Cambridge University Press.

Sternberg, R. J., & Kaufman, S. B. (2012). Trends in intelligence research. *Intelligence, 40,* 235–236.

Sternberg, R. J., Lautrey, J., & Lubart, T. I. (2003). *Models of intelligence: International perspectives.* Washington, DC: American Psychological Association.

Sternberg, R. J., & Lubart, T. I. (1995). *Defying the crowd.* New York, NY: Free Press.

Sternberg, R. J., & O'Hara, L. A. (1999). Creativity and intelligence. In R. J. Sternberg (Ed.), *Handbook of creativity* (pp. 251–272). New York, NY: Cambridge University Press.

Stevens, S. S. (1946). On the theory of scales of measurement. *Science, 103*(2684), 677–680.

Subotnik, R. F., Olszewski-Kubilius, P., & Worrell, F. C. (2011). Rethinking giftedness and gifted education: A proposed direction forward based on psychological science. *Psychological Science in the Public Interest, 12,* 3–54.

Subotnik, R. F., Olszewski-Kubilius, P., & Worrell, F. C. (2012). A proposed direction forward for gifted education based on psychological science. *Gifted Child Quarterly, 56,* 176–188. doi: 10.1177/0016986212456079

Sundet, J. M., Barlaug, D. F., & Torjussen, T. M. (2004). The end of the Flynn effect? A study of secular trends in mean intelligence scores of Norwegian conscripts during half a century. *Intelligence, 32,* 349–362.

Taub, G. E., & McGrew, K. S. (2004). A confirmatory factor analysis of Cattell–Horn–Carroll theory and cross-age invariance of the Woodcock-Johnson Tests of Cognitive Abilities III. *School Psychology Quarterly, 19,* 72–87.

Teasdale, T. W., & Owen, D. R. (2005). A long-term rise and recent decline in intelligence test performance: The Flynn effect in reverse. *Personality and Individual Differences, 39,* 837–843.

Terman, L. M. (1921). Intelligence and its measurement: A symposium. *Journal of Educational Psychology, 12*(3), 127–133.

Thomson, G. (1939). *The factorial analysis of human ability.* London, UK: University of London Press.

Thorndike, R. L. (1977). Causation of Binet IQ decrements. *Journal of Educational Measurement, 14,* 197–202.

Thorndike, R. L. (1997). *Measurement and evaluation in psychology and education* (6th ed.). Upper Saddle River, NJ: Prentice Hall.

Thurstone, L. L. (1936). A new conception of intelligence. *Educational Record, 17,* 441–450.

Thurstone, L. L. (1938). *Primary mental abilities.* Chicago, IL: University of Chicago Press.

Thurstone, L. L. (1946). Theories of intelligence. *Scientific Monthly, 62,* 101–112.

Thurstone, L. L. (1952). L. L. Thurstone [autobiography]. In G. Lindzey (Ed.), *A history of psychology in autobiography* (Vol. VI, pp. 294–321). Englewood Cliffs, NJ: Prentice Hall.

Thurstone, L. L. (1973). *The nature of intelligence.* London, UK: Routledge. (Original work published 1924)

Tigner, R. B., & Tigner, S. S. (2000). Triarchic theories of intelligence: Aristotle and Sternberg. *History of Psychology, 3,* 168–176.

Tyler, L. E. (1969). *Intelligence: Some recurring issues: An enduring problem in psychology.* Oxford, UK: Van Nostrand Reinhold.

van de Vijver, F. J. R., Mylonas, K., Pavlopoulos, V., & Georgas, J. (2003). Methodology of combining the WISC-III data sets. In J. Georgas, L. G. Weiss, F. J. R. van de Vijver, & D. H. Saklofske (Eds.), *Culture and children's intelligence: Cross-cultural analysis of the WISC-III* (pp. 265–276). San Diego, CA: Academic Press.

Visser, B. A., Ashton, M. C., & Vernon, P. A. (2006). Beyond *g*: Putting multiple intelligences theory to the test. *Intelligence, 34*, 487–502.

Wai, J., & Putallaz, M. (2011). The Flynn effect puzzle: A 30-year examination from the right tail of the ability distribution provides some missing pieces. *Intelligence, 39*, 443–455.

Waterhouse, L. (2006). Multiple intelligences, the Mozart effect, and emotional intelligence: A critical review. *Educational Psychologist, 41*, 207–225.

Watson, J. B. (1930). *Behaviorism.* Chicago, IL: University of Chicago Press.

Wechsler, D. (1939). *The measurement of adult intelligence.* Baltimore, MD: Williams & Wilkins.

Wechsler, D. (1940). Non-intellective factors in general intelligence. *Psychological Bulletin, 37*, 444–445.

Wechsler, D. (1944). *The measurement of adult intelligence* (3rd ed.). Baltimore, MD: Williams & Wilkins.

Wechsler, D. (1949). *Manual for the Wechsler Intelligence Scale for Children (WISC).* New York, NY: Psychological Corporation.

Wechsler, D. (1955). *Manual for the Wechsler Adult Intelligence Scale.* San Antonio, TX: The Psychological Corporation.

Wechsler, D. (1974). *Manual for the Wechsler Intelligence Scale for Children–Revised (WISC-R).* New York, NY: Psychological Corporation.

Wechsler, D. (1991). *Manual for the Wechsler Intelligence Scale for Children–Third Edition (WISC-III).* San Antonio, TX: Psychological Corporation.

Willis, J. O., Dumont, R., & Kaufman, A. S. (2011). Factor-analytic models of intelligence. In R. J. Sternberg & S. B. Kaufman (Eds.), *The Cambridge handbook of intelligence* (pp. 39–57). New York, NY: Cambridge University Press.

Wissler, C. (1901). The correlation of mental and physical tests. *Psychological Review Monograph Supplements, 3*(6).

Worrell, F. C., Olszewski-Kubilius, P., & Subotnik, R. F. (2012). Important issues, some rhetoric, and a few straw men: A response to comments on "Rethinking giftedness and gifted education." *Gifted Child Quarterly, 56*, 224–231. doi: 10.1177/0016086212456080

Yamamoto, K. (1964a). A further analysis of the role of creative thinking in high-school achievement. *The Journal of Psychology, 58*, 277–283.

Yamamoto, K. (1964b). Threshold of intelligence in academic achievement of highly creative students. *The Journal of Experimental Education, 32*, 401–405.

Yang, Z., Zhu, J., Pinon, M., & Wilkins, C. (2006, August). *Comparison of the Bayley III and the Bayley II*. Paper presented at the annual meeting of the American Psychological Association, New Orleans, LA.

Yerkes, R. M., & Yerkes, A. W. (1929). *The great apes: A study of anthropoid life*. New Haven, CT: Yale University Press.

Zenderland, L. (1998). *Measuring minds: Henry Herbert Goddard and the origins of American intelligence testing*. Cambridge, UK: Cambridge University Press.

Zhou, X., & Zhu, J. (2007, August). *Peeking inside the "blackbox" of Flynn Effect: Evidence from three Wechsler instruments*. Paper presented at the 115th annual convention of the American Psychological Association, San Francisco, CA.

Zhou, X., Zhu, J., & Weiss, L. G. (2010). Peeking inside the "black box" of the Flynn effect: Evidence from three Wechsler instruments. *Journal of Psychoeducational Assessment, 28*, 399–411.

찾아보기